陈 进◎编著

抖音+门店

品牌营销
推广引流
团购带货
直播卖货一本通

U0275114

清華大学出版社
北京

内 容 简 介

如何在抖音平台开通线上门店？怎样有效提高门店的名气？

如何加强线上线下引流的转化？怎样开通团购和直播带货？

这些关键的问题，你都可以从本书中找到答案，即使是新手，也可以成为抖音电商达人！

本书从账号打造、品牌营销、门店引流、原创引流、达人引流、开通团购、团购带货、直播入门、主播培养和直播卖货这 10 个方面，对开通抖音门店、线上线下的互相引流和团购带货的相关内容进行了详细的分析。不仅能够让读者快速了解抖音电商运营，知晓开通抖音门店的方法，还能让读者掌握实现线上线下流量互通的相关操作，以及团购带货的运营技巧。

本书语言简洁、通俗易懂，适合有意向开通抖音电商、对抖音电商感兴趣的读者，也适合抖音平台的电商运营人员，以及想为线下店铺进行引流的门店运营者。另外，本书也可作为高等院校及培训机构的参考用书，对此，本书提供了教学用的 PPT 课件和电子教案，可扫描封底的"文泉云盘"二维码获取。

图书在版编目（CIP）数据

抖音＋门店：品牌营销、推广引流、团购带货、直播卖货一本通 / 陈进编著 . —北京：清华大学出版社，2023.10

ISBN 978-7-302-64720-1

Ⅰ．①抖⋯ Ⅱ．①陈⋯ Ⅲ．①网络营销 Ⅳ．① F713.365.2

中国国家版本馆 CIP 数据核字（2023）第 192549 号

责任编辑：贾旭龙
封面设计：长沙鑫途文化传媒
版式设计：文森时代
责任校对：马军令
责任印制：杨 艳

出版发行：清华大学出版社
  网　　址：http://www.tup.com.cn，http://www.wqbook.com
  地　　址：北京清华大学学研大厦 A 座　　邮　　编：100084
  社 总 机：010-83470000　　邮　　购：010-62786544
  投稿与读者服务：010-62776969，c-service@tup.tsinghua.edu.cn
  质量反馈：010-62772015，zhiliang@tup.tsinghua.edu.cn

印 装 者：三河市君旺印务有限公司
经　　销：全国新华书店
开　　本：145mm×210mm　　印　　张：7.125　　字　　数：196 千字
版　　次：2023 年 10 月第 1 版　　印　　次：2023 年 10 月第 1 次印刷
定　　价：69.80 元

产品编号：101043-01

目前，抖音 App 仍然是国内拥有最大流量的短视频平台，抖音电商依旧享有着极大的流量红利，商家若想为自己的品牌进行推广，可以利用开通抖音线上门店的方式，在电商平台进行团购带货、直播卖货，为自己的账号增加可发展的空间。

随着互联网的发展，如今用户的大部分消费都转移到了线上，如何将线上流量引流至线下门店，推动线下门店的发展，是实体商家需要掌握的重点。同时，商家也要利用好线下的客流量，将公共流量转化为私域流量，扩大流量池。

若想推动线上线下门店的同时发展，为品牌进行营销推广，需要商家掌握抖音账号的运营技巧、线上线下互相引流的方法，以及团购带货和直播卖货的相关操作。

全书共有 10 章内容，主要从品牌营销、推广引流、团购带货、直播卖货这 4 个方面进行阐述，具体内容安排如下。

（1）品牌营销：第 1 章和第 2 章介绍了抖音账号的运营策略、品牌的内容运营要点，能够帮助读者快速了解运营抖音账号的技巧，为线上门店的品牌营销进行推广宣传。

（2）推广引流：第 3 章～第 5 章介绍了为线上门店引流、为线下门店引流以及线上线下门店的流量互通的相关技巧，帮助读者更好地为自己的品牌进行引流涨粉，提高变现转化率。

（3）团购带货：第 6 章和第 7 章介绍了开通团购带货的步骤、带货达人的相关权益以及拍摄带货视频的技巧，帮助读者更好地运用抖音团购带货功能获取收益。

（4）直播卖货：第 8 章～第 10 章介绍了抖音直播的相关功能、主播培养的要素以及直播卖货的变现技巧，帮助读者利用直播带货为自己的品牌进行推广和营销。

特别提示：在编写本书时，笔者是基于当前各平台相关的软件和后台截图进行编写的，但书从编辑到出版需要一段时间，在这段时间里，软件界面与功能可能会有调整与变化，这是软件开发商做的更新，请在根据书中的思路学习时学会举一反三，不必拘泥于细微的变化。

本书由陈进编著，参与编写的人员还有刘阳洋，在此表示感谢。由于作者知识水平有限，书中难免存在疏漏之处，恳请广大读者批评、指正。

编者
2023 年 9 月

CONTENTS 目录

第1章
账号打造：
启动抖音门店号
运营

商家在运营抖音电商的过程中，需要通过账号运营来确定抖音账号的入局方向，从而找到更适合自身的运营方案。这一章，笔者就为大家讲解账号运营的一些基础知识，帮助大家更好地找准在抖音平台的入局方向。

1.1　熟悉抖音的主要界面

抖音既具有工具属性，如拍摄和制作短视频功能；又具有社交属性，如分享和关注等。本节主要介绍抖音的界面功能，以探究它究竟为何能成为年轻人喜欢的 App。

1.1.1　"首页"界面

注册并登录抖音 App 后，首先出现的就是"首页"界面，同时会自动播放视频，显示相关的视频信息，如图 1-1 所示。

点击用户头像下面的 ➕ 按钮，即可关注该用户；点击点赞、评论或分享按钮，即可进行相应的操作。另外，双击视频也可以进行快速点赞，如图 1-2 所示。点击视频界面则可以暂停播放，便于进行截图等操作，如图 1-3 所示。

"首页"界面包括"探索""同城""关注""商城""推荐"5个模块。其中，"同城"会自动定位用户所在的城市，页面较上面一栏会显示视频的分类。再向下滑会显示附近的优质短视频内容，在视频下方会显示相应的视频信息、拍摄位置等内容，如图 1-4 所示。

图 1-1

图 1-2

图 1-3

图 1-4

在"同城"界面，点击左上角的"长沙"按钮，如图 1-5 所示，用户还可以切换查看其他热门城市的本地化内容。在"切换城市"界面中，可以根据右侧的字母序列快速查找该字母拼音开头的城市名称，如图 1-6 所示。

图 1-5

图 1-6

"关注"界面主要显示用户关注的账号所发布的内容，不仅会显示短视频，也会显示直播动态，其中的短视频内容会自动播放，如图 1-7 所示。

图 1-7

1.1.2　"消息"界面

在"消息"界面会显示互关好友的在线状态，如果朋友在线，头像的右下角会显示绿色的小图标。新增的点赞信息、@ 我的信息或者评论将会显示在"互动消息"中，如图 1-8 所示。向下滑可以查看系统推荐给你的可能认识的朋友，如图 1-9 所示。

图 1-8　　　　　　　　　　　　图 1-9

1.1.3　"我"界面

"我"界面主要包括账号信息设置和作品管理两大功能。"我"界面上方显示了用户的头像、抖音号、简介、标签以及粉丝数量等信息，如图 1-10 所示。

"我"界面下方则显示了"作品""私密""收藏""喜欢"等信息，"作品"界面显示了用户拍摄的所有作品列表，"私密"界面是用户设置为仅自己可见的作品，"喜欢"界面是用户点赞的短视频作品，"收藏"界面是用户收藏的短视频作品，部分内容如图 1-11 所示。

图 1-10

图 1-11

1.2 七大账号运营策略

在抖音账号的运营过程中，商家可以通过一些策略来提升短视频带货的效果。这一节，笔者就为大家讲解让带货事半功倍的七大账号运营策略，帮助大家更好地打造垂直类抖音 IP（intellectual property，知识产权）。

1.2.1　开通带货权限

抖音带货权限，简单来说，就是可以在抖音平台售卖自家的商品或帮他人卖商品的权限。具体来说，抖音平台的带货权限主要体现在三个方面：一是视频购物车；二是达人推荐橱窗；三是直播间售卖商品。

视频购物车就是在抖音短视频中添加一个商品购物车链接，如果用户点击该链接，便可以在弹出的面板中查看商品的相关信息。如果用户有需要，还可以点击"领券购买"按钮，购买该商品，如图 1-12所示。

图 1-12

达人推荐橱窗是指开通抖音带货权限之后，抖音账号中出现的一个专属的商品橱窗，商家可以将商品添加至橱窗中，并作为带货达人对商品进行集中展示和推荐。而用户则可以在带货达人的抖音号主页中，点击"进入橱窗"按钮，在推荐橱窗中查看抖音带货达人推荐的商品，如图1-13所示。

图 1-13

直播间售卖商品是指商家可以将商品添加至直播间的购物车中，并通过购物车功能将商品销售给用户。

具体来说，商家在进行直播的时候，如果直播间添加了商品，那么直播界面的下方会出现按钮，用户只需点击该按钮，便可查看直播间所销售的商品，如图1-14所示。

图 1-14

当然，商家要想成为带货达人，还要先开通带货权限。下面，笔者就来介绍开通抖音带货权限的具体操作步骤。

Step 01 进入抖音 App 的"我"界面，点击界面上方的 按钮，如图 1-15 所示。

Step 02 执行操作后，选择右侧弹出的面板中的"企业服务中心"选项，如图 1-16 所示。

图 1-15

图 1-16

Step 03 执行操作后，进入企业服务中心界面，点击界面中的"商品分享"按钮，如图 1-17 所示。

Step 04 执行操作后，进入"抖音电商"界面，如图 1-18 所示，若满足图中的 3 个条件，可以点击"立即加入电商带货"按钮。

图 1-17

图 1-18

Step 05 执行操作后，进入"成为带货达人"界面，点击界面中的"带货权限申请"按钮，如图 1-19 所示。

Step 06 进入"带货权限申请"界面，该界面中会显示申请带货权限的要求，如图 1-20 所示。如果商家的账号满足了所有的申请要求，可以点击界面下方的"立即申请"按钮，申请开通带货权限。

图 1-19

图 1-20

特别
提醒

不同时期，抖音平台对开通带货权限申请的要求也不尽相同。例如，抖音 App 上线初期开通抖音带货申请，对粉丝数和作者保证金是没有要求的。这也告诉我们，做抖音带货应该尽早入场，因为之后的进场门槛可能会越来越高。

1.2.2　参与权益激励政策

为了扶持商家，抖音平台推出了一些运营者权益激励政策。借助这些政策的权益，商家不仅可以降低营销推广成本，还可以参加相应的任务获得一定的奖励，大大提高了抖音平台的商家入驻率。

抖音平台现发布新商家九大入驻权益，自 2023 年 3 月 1 日起，个人仅需提供符合要求的身份证并通过实名认证，即可在抖音电商注册"抖音小店"成为商家，0 元开启卖货，享受最快 1 小时快速开店，并且能获得"0 元入驻""商品卡免佣活动""商家流量补贴"等基础权益，如图 1-21 所示。

基础权益

佣金优惠
新商家入驻30天内，商家非广告订单累计成交额不超过100万元的部分可享受技术服务费低至1%的优惠，超出部分不享优惠
*具体执行标准以店铺后台公示为准

免费企业号认证权益
可免费享受价值600元企业号认证权益

新商家成长地图+线上免费课程
新商家成长地图+线上免费课程，手把手的小店培训指导。如何打造人设？如何选品？如何获取流量？关注抖音App端的"电商小助手"，每周都有百万销量训练营课程培训

0粉丝挂购物车
开通抖店，即可0粉丝申请"直播购物车"，让你迅速开启直播带货

商家流量补贴
商家在规定时间内首次完成以下基础任务，即可一次性获得对应金额的千川流量奖励，商家可于任务完成次日至商家后台首页·种子计划特训营页面内领取流量奖励，点击领取后权益将实时发放至商家抖音"店铺官方账号"

权益类型	任务项	限制任务完成时间	权益金额（元）	权益类型	权益有效期	权益发放账户	限制领取次数
基础任务	上传商品≥1	入驻5天内	10	千川券	30天	入店一体账号	1
	配置售后信息	入驻5天内	10				
规则打卡	打卡行业规则规范	入驻5天内	5				
	打卡商品信息发布规范	入驻5天内	5				
	打卡违规行为管理规范	入驻5天内	5				
	开通联盟并设置商品佣金≥1	入驻5天内	20				
	开单即支付订单数≥1	入驻5天内	20				
	使用罗盘面板诊断功能	入驻7天内	5				
	激活账号飞书账号	入驻7天内	5				
	关注抖音"电商小助手"	入驻7天内	5				
	关注微信号"抖音电商商家助手"并绑定店铺	入驻7天内	5				
	开通千川账户	入驻7天内	50				
	打卡"百万销量训练营"线上培训	入驻7天内	10				
	开通DOU分期	入驻15天内	10				

图 1-21

具体来说，新商家的任务主要可以分为两种，即成长任务和进阶任务。不同的任务所获取的流量奖励不同。成长任务有两个等级，每个任务的具体任务项、限制完成时间和权益金额也不尽相同，如图 1-22 所示。

图 1-22

相对成长任务，进阶任务的难度通常要更大一些。进阶任务分为
3 个等级，相比成长任务，其所对应的权益金额也会高一些。图 1-23
所示为进阶任务的权益类型、任务项、权益金额等相关介绍。

图 1-23

1.2.3　做好账号定位

在进行抖音电商运营过程中，商家必须要做好账号定位。账号定
位，简单理解，就是确定账号的运营方向。抖音账号定位具体可细分
为行业定位、内容定位、商品定位、用户定位和人设定位 5 部分。可以说，

只要账号定位精准，商家就能很好地把握住账号的发展方向，获得更多用户的认可。

1. 行业定位

行业定位就是确定账号分享的内容所属的行业和领域。通常来说，商家在做行业定位时，只需选择自己擅长的领域，并在账号名字上体现自身的行业定位即可。例如，擅长摄影的商家可以选择将摄影领域作为定位；擅长美食制作的商家可以选择将美食领域作为定位。

当然，有时候某个行业包含的内容比较广泛，且抖音上做该行业内容的抖音账号已经比较多了。此时，商家便可以通过对行业进行细分，侧重从某个细分领域做账号定位。

例如，化妆行业包含的内容比较多，这个时候我们就可以通过领域细分从某个方面进行重点突破。比较具有代表性的当属有着"口红一哥"之称的美妆类商家了，该商家便是通过重点分享与口红相关的美妆内容，吸引对口红感兴趣的人群。

又如，摄影领域包含的内容比较多，但现在越来越多的人开始直接使用手机拍摄视频，而且这其中又有许多人对摄影构图比较感兴趣。因此，抖音账号"手机摄影构图大全"便针对这一点专门深挖手机摄影技巧，并将账号定位为手机摄影技巧的分享账号，如图 1-24 所示。

图 1-24

2．内容定位

抖音号的内容定位就是确定账号的内容方向，据此有针对性地生产内容并进行电商运营。通常来说，商家在做内容定位时，只需结合账号定位确定需要发布的内容即可。例如，抖音号"手机摄影构图大全"的账号定位是做一个手机摄影构图类账号，所以该账号发布的内容大多以手机摄影短视频为主，如图 1-25 所示。

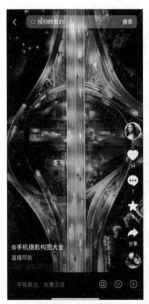

图 1-25

商家确定了账号的内容方向之后，便可以根据该方向进行内容的生产了。当然，在抖音号运营的过程中，内容生产也是有技巧的。具体来说，商家在生产内容时，可以运用以下技巧，持续打造优质的带货内容。

（1）做自己真正喜欢和感兴趣的领域的内容。

（2）做更垂直、更有差异的内容，避免内容同质化。

（3）多看热门推荐的内容，思考总结其中的亮点。

（4）尽量做原创的短视频内容，不要直接搬运。

3．商品定位

大部分商家之所以要做抖音号运营，就是希望能够借此变现，获得一定的收益。而商品销售又是比较重要的一种变现方式，因此，选择合适的变现商品，进行商品的定位就显得尤为重要了。

那么，商家要如何进行商品定位呢？在笔者看来，根据商家自身的情况，可以将抖音号的商品定位分为两种：一种是根据自身拥有的商品进行定位；另一种是根据自身业务范围进行定位。

根据自身拥有的商品进行定位很好理解，就是看自己有哪些商品是可以销售的，然后将这些商品作为销售的对象进行营销。

例如，某位商家自身拥有多种水果的货源，于是其将账号定位为水果销售类账号。该商家不仅将账号命名为"×× 水果"，还通过视频重点进行水果的展示，并为用户提供了水果的购买链接，如图 1-26 所示。

图 1-26

根据自身业务范围进行定位，就是发布与账号业务相关的短视频，然后根据短视频内容插入对应的商品链接。这种定位方式比较适合自身没有商品的商家，这部分商家只需根据短视频内容添加他人的商品链接，便可以借助该商品的销售获得佣金收入。

例如，某位美食类商家本身是没有商品货源的，于是，他便通过在短视频中添加他人店铺中的商品链接来获取佣金收入。

4．用户定位

在抖音号的运营中，商家如果能够明确用户群体，做好用户定位，并针对主要的用户群体进行营销，那么账号生产的内容将更具有针对性，而内容的带货能力也将变得更强。

在做用户定位时，商家可以从性别、年龄和地域分布等方面对粉丝进行分析，了解粉丝画像，并在此基础上更好地做出针对性的运营策略和精准营销。

（1）性别：商家可以分析自己账号的粉丝是男性多还是女性多。如果你销售的商品的主要消费群体为女性，但是账号中的粉丝却是男性偏多，那你可能需要有意识地多打造一些吸引女性用户的内容。

（2）年龄：商家可以分析自己账号中粉丝的各年龄段占比情况，了解粉丝主要集中在哪个年龄段，然后重点生产受该年龄段粉丝欢迎的内容，增强粉丝的黏性。

（3）地域分布：商家可以明确粉丝主要集中于哪些地区，然后结合这些地区的文化，生产粉丝更喜欢的内容。

在了解粉丝画像情况时，我们可以适当地借助一些分析软件。例如，我们可以通过如下步骤，在飞瓜数据微信小程序中了解抖音号的粉丝特征。

Step 01 登录微信 App，进入"发现"界面，点击界面中的"小程序"按钮，如图 1-27 所示。

Step 02 执行操作后，即可进入"小程序"界面，如图 1-28 所示。

图 1-27

图 1-28

Step 03 在搜索栏中，❶输入"飞瓜数据"进行搜索；在搜索结果界面中，❷点击"小程序"板块下方"飞瓜数据"所在的位置，如图 1-29 所示。

Step 04 执行操作后，即可进入"飞瓜数据"界面，如图 1-30 所示。

图 1-29

图 1-30

Step 05 在"飞瓜数据"界面的搜索栏中，❶输入需要查看粉丝画像的账号名称，进行账号搜索；❷从搜索结果中选择对应的抖音号，如图 1-31 所示。

图 1-31

Step 06 执行操作后，进入"播主详情"界面，点击界面中的"粉丝特征"按钮，如图 1-32 所示。

图 1-32

Step 07 向下滑动界面，即可在"播主详情"界面的"粉丝特征"板块中，看到抖音账号粉丝的"性别分布""年龄分布""地域分布"等情况，如图 1-33 所示。

图 1-33

5. 人设定位

人设是人物设定的简称。所谓人物设定，就是商家通过短视频和直播内容，塑造出镜人物（包括直播间的助播）的典型形象和个性特征。通常来说，成功的人设能在用户心中留下深刻的印象，让用户能够通过某个或者某几个标签，快速想到该抖音号及账号中的出镜人物。

人物设定的关键就在于为出镜的主要人物贴上标签。那么，如何才能快速为人物贴上标签呢？其中一种比较有效的方式就是通过短视频内容来凸显人物某方面的特征，从而强化人物的标签。

例如，某商家为了凸显自身的手工达人标签，经常会发布一些传授手工制作技巧的短视频，如图 1-34 所示。因为该账号发布的短视频中，商家制作的手工作品看上去比较精致，而且操作流程细致，讲解到位，再加上短视频的发布频率比较高，展示的手工作品比较多，让人觉得这位商家懂得的手工制作技巧很多，所以该账号商家的手工达人标签便树立起来了。

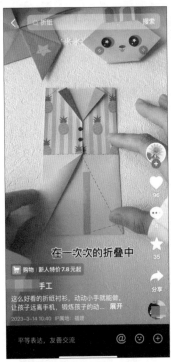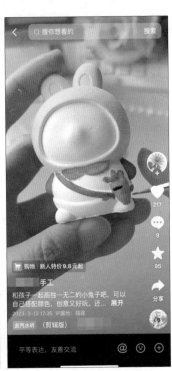

图 1-34

1.2.4　优化选题和文案

选题和文案是影响短视频流量的重要因素，而流量又会影响带货效果。因此，商家很有必要通过优化短视频的选题和文案，打造出更受用户欢迎的短视频内容。

那么，具体要如何优化短视频的选题和文案呢？这个问题抖音电商学习中心给出了答案。具体来说，在优化短视频选题时，商家可以把握优质选题的三大特点，即受众面广、选题精炼和垂直细分，从而快速实现选题的量产，如图 1-35 所示。

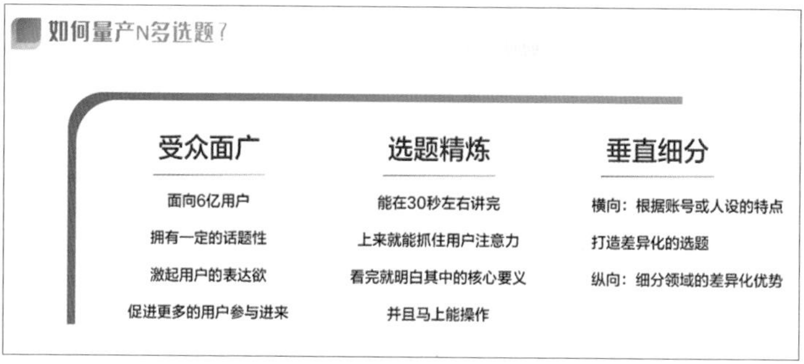

如何量产N多选题？

受众面广

面向6亿用户

拥有一定的话题性

激起用户的表达欲

促进更多的用户参与进来

选题精炼

能在30秒左右讲完

上来就能抓住用户注意力

看完就明白其中的核心要义

并且马上能操作

垂直细分

横向：根据账号或人设的特点
打造差异化的选题

纵向：细分领域的差异化优势

图 1-35

而短视频文案的优化则可以分 4 步来实现。

第一步是"提一个好问题"，如图 1-36 所示。

第二步是"给用户一个心动 or 心痛的答案"，如图 1-37 所示。

提一个好问题

一个好问题应该满足以下三个特点：
1.问题具有代表性，能够代表一个人群
2.共情能力强，能够引发共鸣、调动用户情绪，能否引导和调动用户的情绪是能否俘获用户心智的关键
3.制造需求，可能用户自己都没有意识到自己的这个需求，需要我们一上来就明确告诉他有这个需求，他会更愿意调动自己的注意力，无形中放大我们内容的价值

图 1-36

给用户一个心动 or 心痛的答案

让用户心动的答案有两个特点：
1.解决痛点——痛点即用户一直被困扰的点
2.带动痒点——痒点即用户希望一下子轻松解决痛点的点
一般满足其中一个即可，同时满足两个的话则更好

图 1-37

第三步是"分析解读、拓展价值"，如图 1-38 所示。

第四步是进行"收尾处理"，如图 1-39 所示。

分析解读、拓展价值

既然用户已经看到了这里，我们的分析解读能够让用户满意，就是俘获用户的关键，重点有两个：
1.展现专业
2.提供价值

图 1-38

收尾处理

能够让用户对我们印象深刻的内容才是好内容，一般来说，用户都非常愿意为这样的内容点赞、关注、建立信任，从而购买产品，但是每天被海量内容冲击的用户很容易产生审美疲劳，这个时候需要"手动"提醒用户：
1.提醒用户互动：点赞保存、评论区交流、转发
2.提醒用户转化：点击直播间有活动等

图 1-39

1.2.5 做好运营和矩阵化

在运营抖音带货账号的过程中，做好互动运营和矩阵化非常关键，通过互动运营可以增强用户的黏性，让用户变成你的忠实粉丝，而做好矩阵化则可以更好地吸引精准用户。

那么，商家要如何做好互动运营和矩阵化呢？具体来说，要做好互动运营，商家可以重点做好两个方面的工作：一是利用评论区积极与用户进行互动，尽可能多地回复用户的评论，让用户觉得自己受到了重视，如图 1-40 所示；二是利用私信功能，加强与粉丝的联系。

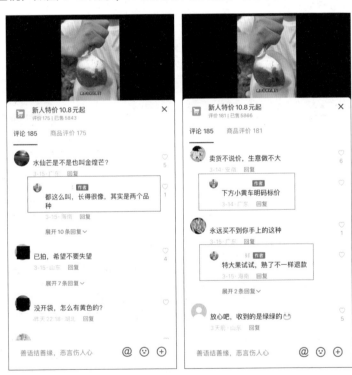

图 1-40

而矩阵化运营则需要同时运营多个账号，组成运营矩阵。需要特别注意的是，此时每个账号中的粉丝关注的内容可能会存在较大的差异，商家只有根据粉丝的喜好生产内容，才能留住粉丝，让粉丝持续购买商品。

1.2.6　发布优质视频内容

如何发布优质的抖音视频内容？抖音电商学习中心从视频的时长、尺寸和画质 3 个方面给出了一个基础标准，如图 1-41 所示。

图 1-41

当然，除满足基础标准之外，商家在打造带货短视频内容时还需要注意 3 个事项，如图 1-42 所示。

图 1-42

1.2.7　增加带货口碑分

和很多电商平台一样，抖音平台中也可以查看抖音账号的带货口碑分。具体来说，抖音号的达人推荐橱窗和直播间购物车都会显示带货口碑分，如图1-43所示。这个带货口碑分是视频带货和直播带货的综合分数，它对于整个账号的带货效果都会起到一定的作用。

图1-43

许多用户在抖音中购买商品时，可能都会注意对应抖音号的带货口碑分，如果带货口碑分过低，那么商家的带货效果也将受到很大的影响。因此，商家要想办法增加抖音号的带货口碑分。

那么，商家要怎样增加抖音号的带货口碑分呢？其实，抖音电商学习中心给出了带货口碑分的计算指标和计算方法，如图1-44所示。对此，商家可以根据这些计算指标和计算方法，有针对性地提高抖音账号的带货口碑分。

评分维度	细分指标	指标定义	考核周期
商品体验	商品差评率	**商品差评率**=商品差评量 / 物流签收订单量 商品差评量=消费者对商品描述" 首次评价为差评"的订单量（修改评价不影响商品差评量） 物流签收订单量=实物商品的物流签收订单量+虚拟商品的消费者确认收货订单量	近90天物流签收数据
	品质退货率	**品质退货率**=分享商品因品质、物流问题退货退款订单量 / 分享商品支付订单量	前15~104天品质退货数据
物流体验	揽收及时率	**揽收及时率** = 24小时揽收率*70% + 24~36小时揽收率*20% + 36~48小时揽收率*10% *24小时揽收率=24小时以内揽收订单量 / 总订单揽收量，以此类推。 *70%,20%,10%是抖音电商平台定义的揽收及时率权重，权重越高代表这一项对总体及时率指标影响更高。 * 预售订单、无须发货订单不参与计算	近90天揽收订单数据
	订单配送时长	**订单配送时长** =（全部订单签收时间-揽收时间）/ 签收订单量	近90天签收订单数据

评分维度	细分指标	指标定义	考核周期
服务体验	投诉率	**投诉率**=分享商品问题投诉量 / 分享商品支付订单量	前15~104天投诉数据
	纠纷商责率	**纠纷商责率**=售后申请完结的订单中判定为商家责任的售后仲裁单数 / 总售后完结数	近90天售后完结订单数据
	IM3分钟平均回复率	**IM3分钟平均回复率**=3分钟内客服已回复会话量 / 用户向人工客服发送会话量 考核范围：发起时间在8:00:00至22:59:59期间发起的会话量	近90天人工客服会话量
	仅退款自主完结时长	**仅退款自主完结时长**=仅退款的每条售后单等待商家操作时间总和 / 对应售后单量	近90天售后完结订单数据
	退货退款自主完结时长	**退货退款自主完结时长**=售后单里退货退款、换货的每条售后单中等待商家操作的时间总和 / 对应的售后单量	近90天售后完结订单数据

图 1-44

第2章

品牌营销：有效提高门店的名气

如何做好品牌营销？抖音的内容运营是一个关键点，通过线上运营能够有效提高线下门店的名气，同时，不同行业的抖音运营技巧也有所不同。本章笔者将为大家讲解基本的品牌运营要点，以及具体行业的抖音运营技巧。

2.1　品牌的内容运营要点

打造好抖音账号后，商家也需要对自己所经营的品牌进行营销。随着各行各业的竞争越来越激烈，做好品牌的内容运营也成了占据市场的一个重要因素。

运营品牌主要就是指提高品牌知名度、加深用户对品牌的印象。一般来说，品牌的内容运营主要包括认领 POI、视频脚本的策划以及内容打造，本节将对这 3 点进行相应的介绍。

2.1.1　认领 POI

POI 全称为 point of interest，译为兴趣点，抖音 POI 可以理解为兴趣标签、入口、定位图标。如果商家拥有自己的线下店铺，可以认领 POI，这样就可以获得一个专属的地址标签，如图 2-1 所示。

认领 POI 之后，在商家的抖音账号首页可以看到具体的门店地址、营业时间、预订服务等信息，同时，点击进来的用户还可以直接领取活动优惠券，如图 2-2 所示。

图 2-1

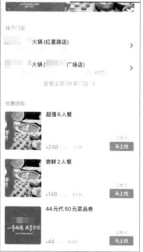

图 2-2

POI 的详情页是一个类似于关注页的内容聚合页，认领 POI 有助于店铺的曝光。具体来说，POI 可以让账号粉丝了解店铺的位置及各种团购优惠，也能让商家的视频内容信息更丰富。下面将介绍认领 POI 的具体操作。

Step 01 在应用商店中搜索"抖音来客"，点击右侧的"获取"按钮，如图 2-3 所示。

Step 02 下载成功后，进入登录界面，输入抖音账号所绑定的手机号，获取短信验证码，如图 2-4 所示。

Step 03 成功登录后，点击首页中的"立即入驻"按钮，如图 2-5 所示。

Step 04 执行操作后，进入"选择认领的店铺类型"界面，点击"认领单店"按钮，如图 2-6 所示。

Step 05 在"认领门店"界面中，❶可以输入门店名称进行搜索；

图 2-3　　　　　　　图 2-4

图 2-5　　　　　　　图 2-6

❷若没有门店名称，可以点击"创建"按钮，如图 2-7 所示。

Step 06 在"门店信息"界面中，❶填写门店基础信息；❷上传举证照片，如图 2-8 所示，滑至界面底部，点击"下一步"按钮进行确认。

Step 07 执行操作后，进入"提交资质"界面，如图 2-9 所示，上传企业法人营业执照、经营许可证以及身份证后，选中相应的复选框，再点击"提交审核"按钮，即可完成 POI 认领。

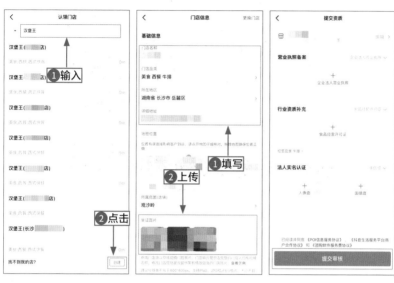

图 2-7　　　　　　　　　图 2-8　　　　　　　　　图 2-9

2.1.2　准备脚本策划

短视频的脚本策划是做好品牌内容运营的重点之一，要制作出优秀的脚本策划，运营者还需要做好一些前期的准备工作，确定短视频的整体内容思路。具体来说，编写脚本需要做好的前期准备如下。

1. 拍摄定位

在编写脚本之前，我们需要对自己所拍摄的内容做好定位，即知道自己拍摄内容具体的方向和表达形式。如果想对美食进行展示，可以以博主点评 Vlog（video blog，视频记录，视频播客）的形式拍摄，或拍摄小剧情引起用户的兴趣；可以拍摄美食店的菜品特写，如图 2-10 所示；或拍摄商家的美食制作过程和消费者的排队情况，如图 2-11 所示。

图 2-10　　　　　　　　　　图 2-11

2. 拍摄主题

　　主题需要根据账号的定位来确定，如果是做餐饮的，拍摄的内容自然是以店铺内的各种小吃为主题；如果是做服装的，则可以拍摄对不同款式服装的色彩搭配的介绍，也可以拍摄整体服装的上身搭配效果，如图 2-12 所示。

图 2-12

3. 拍摄时间

　　拍摄时间会影响拍摄的主题以及拍摄进度，如果是餐饮店，时间点一般集中在中午和晚上，这需要事先和摄影师沟通。同时，如果需要邀请知名美食博主对店铺美食进行点评，也需要确定美食博主的档期。

4. 拍摄地点

许多短视频对拍摄地点都有要求，不同类型的账号要拍摄的场景也不同。

例如，如果要在户外拍摄，选择青山绿水还是杂草丛林，都要根据商家拍摄需要来确定；如果要在户内拍摄，选择家庭厨房还是开放式阳台，也要提前确定。

5. 背景音乐

背景音乐是短视频必不可少的构成部分，选对背景音乐成了短视频爆火的一条重要渠道，背景音乐的选择不仅需要结合当下热点、爆点，也要与短视频内容相匹配。

例如，拍摄家居时，需要搭配和谐婉转的纯音乐，如图 2-13 所示。而拍摄儿童手工艺作品时，可以搭配节奏欢快的背景音乐，如图 2-14 所示。

图 2-13

图 2-14

2.1.3　脚本制作要素

做好前期准备工作后，重点就在于对脚本的制作，一个脚本从空白到完成整体构架，主要有 6 个要素，具体如下。

1. 镜头景别

镜头有很多景别，不同的镜头表达的内容也会有所区别，拍摄的时候要先确定使用哪种镜头：远景、全景、中景、近景或是特写中的哪一种。

远景：是把整个人物和环境拍摄在画面里面，常用来交代事件发生的时间、环境、规模和气氛，如图 2-15 所示，远景镜头在一些纪录片中比较常见。

全景：能够展示人物全貌，相对来说，全景比远景离人物更近，用来表现人物的全身动作，或者是人物之间的关系，如图 2-16 所示。

图 2-15　　　　　　　　　　　　图 2-16

中景：就是只拍摄人物膝盖至头顶的部分，不仅能够使观众看清人物的表情，而且有利于展现人物的形体动作，如图 2-17 所示。

近景：也就是拍摄人物胸部以上或物体局部，有利于表现人物的面部或者是其他部位的表情、神态，是刻画人物最有力的景别，如图2-18所示。

图 2-17　　　　　　　　　　　　图 2-18

特写：就是对人物的眼睛、鼻子、嘴、手指、脚趾等细节部位进行拍摄，适合商家用来表现需要突出的细节，如图 2-19 所示。

图 2-19

2. 脚本内容

脚本内容就是把所想要表达的东西呈现出来，这也是短视频的核心，写好脚本内容后才能正式开拍。脚本内容具体分为剧情策划、人物设定、场景设定 3 部分，如图 2-20 所示。

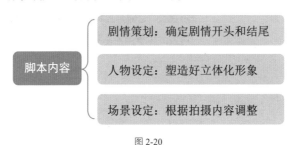

图 2-20

3. 台词

台词是为了控制时长而准备的，短视频的核心就是短小、精简、抓眼球，太多的台词只会消耗用户的耐心，所以在编写脚本台词时，对于 60 秒以内的视频，台词要尽量控制在 180 个字以内。

4. 时长

时长不仅包括单个镜头的时长，也包含整段视频的时长，时长要以精短为目的，对镜头进行适当的删减。最好确定好时长后再去拍摄，这样能提高剪辑的效率。

5. 运镜

运镜指的是镜头的运动，镜头可以从近到远、平移推进，也可以旋转推进。下面将介绍几种常见的运镜类型，如图 2-21 所示。

常见的运镜类型

> 推镜头：被拍摄物体不动，由拍摄机器做向前的拍摄运动
>
> 拉镜头：被摄体不动，由拍摄机器做向后的拍摄运动
>
> 摇镜头：摄像机位置不动，机身依托于三脚架上的底盘做上下、左右、旋转等运动
>
> 跟镜头：跟拍的手法灵活多样，它使观众的眼睛始终盯牢在被跟摄人体、物体上
>
> 甩镜头：也即扫摇镜头，指从一个被摄体甩向另一个被摄体，表现急剧的变化

图 2-21

6. 道具

道具一般起到画龙点睛的作用，并且有很多的玩法，同时它不局限于普通玩具，也可以是宠物猫或宠物狗等动物。例如，在美妆类型的视频中，可以让博主怀里抱着一只宠物狗，这能快速提高用户的兴趣，降低客户流失率，如图 2-22 所示。

图 2-22

2.1.4　内容方向定位

抖音的宣传语是"记录美好生活"，这决定了它的短视频内容大多是记录人间烟火，也会更加接地气。对于视频内容，大致可以分为7 个输出类型，下面将以餐饮行业为例，讲述基于 7 个内容方向该如何制作视频内容。

1．现场教学类

在一些餐饮视频中，运营者可以现场讲述美食的制作方法，这类视频主要是针对不会做饭或者喜欢做饭的厨房小白进行讲解，因此需要有详细的操作流程，让用户可以学到东西，如图 2-23 所示。

图 2-23

2．轻松搞笑类

这类视频注重脚本的剧情和台词策划，重点不在视频内容，而是输出内容的形式是否轻松诙谐。抖音用户一般刷视频是为了放松心情，而一个不仅能介绍美食，还能令人开怀大笑的视频，则会更容易获得用户的点赞。

3．脚本故事类

设计各种离奇的脚本故事，能够激发用户对故事内容的好奇心。因此，可以在日常记录、平民逆袭、古今穿越等内容中融入与餐饮相关的内容。

4．颜值营销类

这类视频的脚本并不复杂，主要是通过视频人物外貌吸引用户眼球。制作具有高颜值人物的视频是提高销量的一个重要渠道，如图2-24所示。

图 2-24

5．技能展示类

这类视频需要商家有一定的专业和技术水平，所发的作品能够引起用户的好奇心，让用户对菜品的制作过程充满兴趣。例如，一些宫廷美食、五星级饭店的菜品经常会被复刻，这些高难度菜品的复刻过程就是技能的展示，如图2-25所示。

图 2-25

6. 情感触动类

情感触动类视频指能够引起用户共鸣的视频，如介绍店铺的创业经历、分享在店铺发生过的感情故事，如图 2-26 所示，内容可以打动人心、激发用户情感是关键。

图 2-26

7．网红推广类

网红推广类视频需要邀请网红大咖或流量博主到店内进行宣传打卡，实际上也就是广告宣传，利用明星效应所带来的热度为门店引流，如图 2-27 所示。

图 2-27

2.2　线下门店的抖音运营技巧

在 2.1 节笔者已经介绍了大致的品牌内容运营要点，那么不同的行业具体是如何利用抖音来运营推广自己品牌的呢？这一节笔者将介绍几个常见的以线下门店消费为主的各行业的抖音运营技巧。

2.2.1　教育培训行业

抖音目前已经不仅仅是人们娱乐放松的平台，越来越多的教育类和科普类视频开始涌入其中，用户会在抖音上摄取所需要的知识。同时，教育培训行业也随之发展迅猛，其抖音运营技巧如下。

1．提出讨论性话题

针对不同的受众群体，要挖掘不同年龄段的课程需要。如健身类视频推广，主要针对 18～24 岁的成年人开设，那么就需要挖掘他们的痛点，告诉用户健身的重要性，再推销自己的课程。

例如，健身教练以"逃不过的健身三大需求"为话题，首先讲述了人们为了追求身材、身体机能的提高以及平衡感的 3 个要点，让人们对健身产生迫切需要，再引入自己的健身课程，如图 2-28 所示。

图 2-28

2．进行知识科普

培训机构都具有很强的专业性，内容涉及的都是一个领域的专业知识，适当地科普专业知识能增强用户和商家之间的信任感。例如，受众群体是学生的编程培训机构，可以提出编程能培养学生创新力的观点，这样不仅能引起用户的激烈讨论和思考，也能推销自己的课程，如图 2-29 所示。

图 2-29

图 2-29 所示的视频出镜者先标明自己的地理位置，以"北京大学"的地标暗示自己的专业身份，增加家长的信任感，并条理清晰地介绍编程在现代社会对孩子的作用，观点明确，紧扣需求。

2.2.2 手工艺行业

手工艺是一项能够唤起人们历史情怀、引发情感共鸣的行业，作为非遗文化，它承载着中国优秀传统文化，具有人文底蕴，部分手艺人还享受到了抖音推出的扶持计划，一直在抖音平台受到关注和照顾。

1. 拍摄古风视频

如今古风视频在年轻群体中十分受欢迎，古韵古香的视频能让人感受过往的历史气息，使人通过古风视频穿越到千年前，寻找过去的场景，如图 2-30 所示。

图 2-30

2. 强调文化传承

强调文化传承也就是注重传统手工艺品的艺术文化价值，这类视频能够激发人们对非遗文化的重视，引起情感共鸣。例如，对油纸伞的历史进行介绍，如图 2-31 所示。

图 2-31

图 2-31 所示的视频以纪录片的形式首先讲述了油纸伞的悠久历史，再提到古人制作油纸伞的一系列过程，旁白以及台词设计都十分具有历史人文气息，从专业的历史普及角度对油纸伞进行推销。

2.2.3 旅游行业

随着经济发展，旅游行业一直长盛不衰，在抖音运营机制下，造就了一个又一个的网红打卡景点，利用好"抖音＋景区"这种自带流量、自带粉丝、自带传播效应的 IP 营销策略，想必一定会为景区带来不一样的火爆营销。

1. 拍摄实地体验

旅游行业类的视频强调身临其境感，景区可以邀请网红主播对景区美景进行清晰、真实、全方位的展示，让用户如临其境，如图 2-32 所示，且该类视频通常是以 Vlog 的形式拍摄。

图 2-32

图 2-32 所示的网红博主展示了在天门山森林公园爬山的过程，包括在山顶挂许愿锁、俯瞰群山以及爬山的艰辛历程，感情丰富，给人一种真实的代入感。

2. 展现景点特色

一个景点需要突出其与众不同之处，这样才能吸引到游客。例如，无论是重庆"洪崖洞"，还是西安"摔碗酒"，如图 2-33 所示，要么景观设计十分震撼，要么情景活动特别有趣。

图 2-33

2.2.4　宠物行业

宠物行业的受众人群为年轻的女性和老年人，而购买宠物的主力主要是年轻女性，在做好人群定位后，拍摄的手法和内容也要随之改变。视频内容以"萌宠"的形象呈现，展示日常，就很容易获得用户喜爱和关注。

1．拍摄宠物日常

由于宠物行业受众群体多为年轻人，因此可以将宠物每天充满精神、活蹦乱跳的一面展现出来，从而拉近商家和用户的距离，获取用户信任感，如图 2-34 所示。

图 2-34

视频中的柯基和龙猫都有着毛茸茸的外表和短小的四肢，具有"萌宠"的特点，所以视频画面本身就有很强的"治愈"效果，而当这些宠物戴上人类的帽子、叼着玫瑰花做出人类的动作时，就使得视频更具有亲和力了。

2．分享专业知识

商家可以适当地分享养宠物的一些知识，这样可以树立起宠物店的专业形象，增强潜在客户的信任感，如图 2-35 所示。

图 2-35

在上面的两个案例中，分享了根据猫咪尾巴的摇晃判断情绪、如何控制猫咪的饮食习惯的专业知识，并配上宠物的日常，使得视频内容更加丰富，同时在文案中添加了许多相关标签，方便爱猫人士搜索。

2.2.5　家居行业

家居行业重在体现房屋变化和舒适度，为了让受众群体感受到家居带来的新的体验感，大多数抖音内容运营的商家会选择拍摄房屋改造对比，突出家居的装饰作用。另外，以沉浸式体验的角度展现家居的实用也是很好的拍摄方式。

1．前后改造对比

家居行业的售卖多为一整套家具，可以通过房屋改造来体现换套新家居后所呈现出的风格变化，利用对比激起用户换新家居的购买欲望，如图 2-36 所示。

图 2-36

2. 沉浸式角度拍摄

家居行业主打舒适度，通过以沉浸式角度拍摄新家居对生活质量的改变，可以最直接地给到用户反馈，比起只是干巴巴地介绍床垫的功能，用户更愿意通过观看沉浸式视频来体验床垫的舒适感，如图 2-37 所示。

图 2-37

2.2.6　其他行业

除了上述所提到的 5 种常见的线上线下紧密结合的行业，还有花卉、美容美发以及线下娱乐等行业，都可以利用抖音平台进行品牌营销，从而提高门店的名气。

以下为两种普遍适用的抖音内容运营技巧。

1．拍摄产品制作过程

现在许多的线下实体业都可以在网上发布短视频展示产品的制作过程，如理发师将理发过程以及顾客的前后造型对比拍出来吸引用户。其他类似的行业还有很多，诸如烧窑烧瓷、做手工艺品、打铁等，因为制作过程本身就具有极强的趣味性，所以拍摄出来的视频

图 2-38

也会让用户产生兴趣，如图 2-38 所示。

2．根据受众定位内容

不同行业的受众不同，其所喜欢的视频风格也不同。例如，教育培训行业的受众多为家长，对视频的要求是清晰地讲解课程内容，所以视频要以科普课程为主，吐字清晰，让家长能够听懂课程的各种信息。根据受众定位视频内容，也能快速找到账号的定位。

第3章
门店引流：
增强品牌的推广
效果

引流是品牌推广的重要一环，对于注重线下实体门店的行业来说，如何将线上流量引流至线下门店、将线下门店的流量引流至线上，让两个平台紧密结合，是增强产品推广效果的关键。本章将讲述如何使线上线下两个平台的流量互相贯通。

3.1 将线上流量引流至线下门店

随着互联网的发展，如今用户的大部分消费都集中在了线上，线上的电商平台拥有巨大的流量。如何将线上流量引流至线下门店，推动线下门店的发展，是推广品牌的关键，本节将为大家介绍 7 个将线上流量引流至线下门店的方法。

3.1.1 开通抖音团购

抖音团购是一种以抖音为媒介的新型团购方式，商家通过在线上开通抖音小店，让用户从自己的抖音账号中找到团购购买渠道，能同时满足大量用户获得优惠价格的需要。抖音团购支持用户选择线上购买线下门店产品，也可以选择线上购买产品后再快递配送到家。

开通抖音团购，能让用户在线上了解商品的优惠信息，再引导用户去线下购买，这个过程就是将线上的用户流量引流至线下门店。图 3-1 所示为某商家团购的商品详情界面，在这个界面，用户可以了解到具体的套餐内容、优惠价格以及门店的详情地址。

图 3-1

开通抖音团购的商家账号需要满足以下 3 个条件。

❖ 为抖音平台的企业认证用户。

❖ 需要开通企业支付宝账户（个体工商户可选择经过实名认证的企业法人个人账号）。

❖ 抖音账号公开发布视频数大于等于 10 条，粉丝量大于等于1000。图 3-2 所示为"抖音电商"界面。

图 3-2

3.1.2　拍摄推广视频

开通团购之后，商家需要拍摄推广视频，对店内的团购商品进行推广宣传。推广视频能让用户直观地感受到团购商品的内容和体验感，从视频中了解到团购套餐是否实惠。拍好推广视频，引起用户的购买兴趣，是将线上流量引流至线下门店的重要一步。

图 3-3 所示的推广视频中，带货达人为大家介绍了火锅套餐的菜品以及价格，并到店进行消费，真实直观地为用户展示了团购套餐的内容。

图 3-3

商家想要拍好推广视频，有以下几个技巧。

（1）真人出镜，进行线下到店消费，对产品给予真实体验。具有线下门店的品牌商家可以在短视频中展示在店内的消费过程，能够让用户更有代入感，更愿意到线下门店尝试。

（2）投入付费流量，带动自然流量。抖音投流费用是每天 5 元，要想开通抖音投流功能，需要在抖音投流官网上进行注册并缴纳相应的费用。

特别提醒　很多的蓝 V 账号并不是一发视频就会有大量用户观看，尤其是带有团购标识的视频，会因为营销性太强而被系统判定为广告，从而导致作品限流。这时需要投入付费流量，让系统主动地将作品推送到相关用户首页，才能为自己的视频带来更多的自然流量。

3.1.3　开通同城号

线下门店所需要招揽的用户对距离有一定的要求，距离太远的用户很难转化为线下门店的流量，因此，商家若想要视频被推送到门店附近的用户首页，可以开通同城号。同城引流可以得到平台扶持，在发布抖音短视频的时候，设置同城展示，就可以获得相对应的同城推荐流量。

开通同城号的具体步骤如下。

Step 01 打开抖音 App，进入"我"界面，❶点击■按钮；❷在右侧弹出的面板中选择"设置"选项，如图 3-4 所示。

Step 02 在"设置"界面中点击"隐私设置"按钮，如图 3-5 所示。

Step 03 进入"隐私设置"界面，点击"同城展示"按钮，如图 3-6 所示。

图 3-4

图 3-5

Step 04 执行操作后，会弹出新的面板，开启"同城展示作品、直播、

位置"功能，如图 3-7
所示，即可开通同城
号。开通同城功能的
抖音账号，其所发布
的视频会被推荐给同
城 10 千米范围内的
用户，同时可指定定
位到周边的城市。

图 3-6

图 3-7

特别提醒　同城流量是有限的，谁先拥有更多的同城流量，生意一定不会太差，销量转化也会更快。在同城做宣传就是先把广告推广出去，让更多人知道你在什么地方、做什么行业，这样以后别人有需要时就会优先去你店里消费。所以，广告是一个长期要做的事情。

3.1.4　加入精选联盟

精选联盟是一个撮合商品和达人的平台，符合入驻精选联盟要求的商家可以把商品设置好佣金后，添加至精选联盟的商品库，达人会对商品进行在线选择，然后添加至自己的短视频或直播间内，对商品进行带货推广。在产生商品交易后，双方都会获得收益。

精选联盟适合不会自己拍视频或直播且视频流量少的新手店铺，利用达人丰富的直播经验和强大的视频拍摄能力，能够有效地为自己的店铺商品带来流量，提高订单销量。

那么加入精选联盟有什么条件呢？具体内容如下。

（1）开通抖音小店。开通抖音小店的身份可以分为 3 种类型，分

别是企业或公司、个体工商户以及个人，根据不同身份所需要提交的
材料不同，如图 3-8 所示。

图 3-8

（2）开通抖音小店后，即可入驻精选联盟，入驻条件需满足精选
联盟的关闭权限次数小于 3 次、商家的店铺体验分大于等于 4.2 分。

满足条件后，即可进入商家后台进行入驻，具体流程如下。

Step 01 进入"巨量百应"页面，❶单击左侧的"开通联盟"按钮，进入"开
通精选联盟权限"页面；❷单击"立即开通"按钮，如图 3-9 所示。

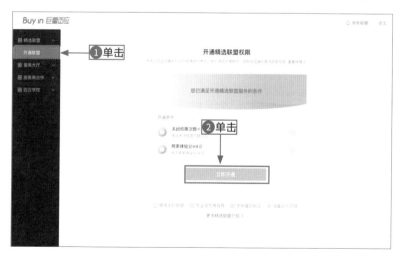

图 3-9

Step 02 进入阅读协议内容页面，❶选中"我已认真阅读并充分理解本协议及《巨量百应平台隐私政策》并接受其内容和条款"复选框；❷单击"进入巨量百应 Buyin 平台"按钮，如图 3-10 所示，即可入驻精选联盟。

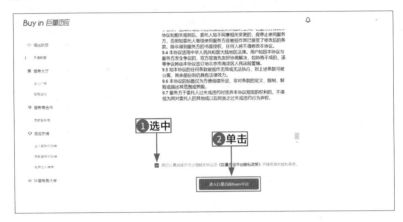

图 3-10

Step 03 入驻精选联盟后，登录抖音小店后台，切换至"精选联盟"页面，❶在该页面中单击"计划管理"按钮；❷单击左侧的"普通商品"按钮，在页面中会显示已经加入精选联盟的商品；❸单击右侧的"添加商品"按钮，如图 3-11 所示，即可将新的商品加入精选联盟。

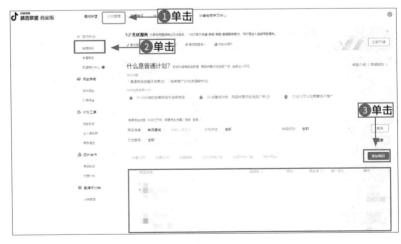

图 3-11

为提高商家与达人的合作效率，精选联盟平台推出了普通商品、专属商品、定向佣金、阶梯佣金 4 种商品推广计划供商家使用，商家可以根据需要进行选择，如图 3-12 所示。

推广计划	简介	设置佣金的区间	达人可见范围	与达人的合作方式	是否提供样品	设置方式及详细介绍
普通商品	商品将进入作者侧的选品池，可被四端所有作者搜索、添加、推广 *普通计划与专属计划互斥，商品只可以被设置为其中一种 *普通计划的佣金，只对未设置定向计划的达人生效	1%~50%（不同类目上限以后台显示为准）	所有达人可见商品和佣金率	商品添加到联盟里，需要达人自己看	支持设置由样规则	同普通商品
专属商品	仅商家指定的作者可推广相关商品，其他作者不可推广	0~50% （不同类目上限以后台显示为准）	所有达人可见商品，但指定达人可推广，指定达人有专属导购「专属推广」	线下沟通，先达成合作，后设置	支持设置由样规则	同专属商品
定向佣金	为指定的达人设置定向佣金率	0~80%	所有达人可见商品，但定向佣金率指定达人可见	线下沟通，先达成合作，后设置	支持设置由样规则	同定向佣金
阶梯佣金	为达人设置阶梯佣金，达人完成商家配置的门槛销量后，佣金率自动提高	基础佣金率和奖励佣金率均为0~79%，且基础佣金率+奖励佣金率≤80%	所有达人可见商品，阶梯佣金若不支持公开申请则指定达人可见，若支持公开申请则符合报名门槛达人可见	公开：商品添加到联盟里，需要达人自己看 不公开：线下沟通，先达成合作，后设置	支持设置由样规则	同阶梯佣金

图 3-12

3.1.5　利用广告位

　　一条抖音视频在发布之前，可以选择添加位置、团购或外卖，这个地方就是门店推广的广告位。同时，在抖音视频发布后，用户会经常习惯地查看评论区的内容，有时也会通过 @ 好友抖音号的方式吸引其他用户过来。利用好评论区的广告位，也能起到不错的引流效果。

　　图 3-13 所示为某日料店视频下方的团购链接，用户在刷到此条视频时，能够看到门店的团购地址，如果用户对产品感兴趣，可以通过点击团购链接的方式，进入团购套餐界面下单。

图 3-14 所示为团购视频评论区，可以看到商家在评论区留言提醒用户点击链接可进入团购套餐购买界面。商家可以在第一时间回复用户的评论，这样不仅能让用户感受到被重视，增强用户与商家之间的沟通和信任感，还能提高视频互动性，在一定程度上增加视频热度。

图 3-13

图 3-14

特别提醒	商家在回复评论区的留言时，不用重复回复同一个问题，重复的回复方式会使评论区的界面显得机械化，造成用户的排斥心理。商家可以通过点赞的方式表示自己看到了该用户的评论，也能大量节省评论和回复的时间。

3.1.6　投放 DOU ＋

商家在发布团购视频后，要重视视频后期的推广，但视频往往由于缺少粉丝和自然流量而导致浏览量很低，在投入付费流量后，仍然没有获得很好的推广效果。在这个时候，商家可以借助抖音平台推出的 DOU ＋（用于抖音内容加热和营销推广的产品）功能给视频增加热度。

商家在投放 DOU ＋后，系统会将视频内容推荐给有购买意向的用户, 并引导他们点击购物车, 跳转至相关界面进行购买咨询。

商家可以观察 DOU + 的数据变化和转化效果, 根据不同的情况, 及时调整投放计划, 更改策略, 尽量实现投入费用与成交利润比例最大化。图 3-15 所示为 DOU+ 投放的相关策略示例。

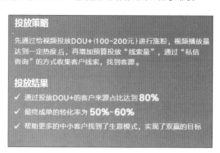

图 3-15

DOU + 拥有本地生活营销能力, 可以对门店进行曝光或帮助门店进行优惠推广, 帮助线下商家吸引更多的用户到店消费。商家可以自主选择门店曝光的投放范围, 依据这些设置数据, DOU + 系统会对范围内的用户进行投放和推送, 帮助商家轻松获取客源, 进而提高销售额。

开通了企业号和团购功能的实体商家还可以选择将门店优惠推广作为 DOU + 的转化目标, 提升主页优惠商品和门店的曝光度, 进一步提高用户到店率。图 3-16 所示为直播间投放 DOU + 的界面, ❶点击 "上热门" 按钮, 弹出 "DOU + 直播上热门" 面板; ❷选择相应的选项, 最后支付相应金额, 即可完成投放。

图 3-16

3.1.7 参加官方活动

在大型节日期间，抖音电商平台会开展官方购物活动，如"618购物节"、双十一、双十二等，在这个时间段，线上用户的流量会非常大，商家可以通过参加官方活动，利用抖音官方的流量扶持，在线上进行品牌推广，同时在线下门店也开展优惠活动，使线上和线下的流量互通，互相引流。

由于官方活动的流量扶持，商家在发布视频时可以添加官方的活动标签，从而得到系统推荐，增加品牌曝光度。图 3-17 所示为某龙虾馆在"618购物节"活动期间所发布的推广视频，商家在视频下方添加了"抖音 618 好物节"的标签，系统会自动对参与活动的视频给予流量扶持，推送至相关用户的首页。

图 3-17

3.2　将线下门店的流量引流至线上

由于网购越来越普及，线下门店遭遇了不可避免的困境，成本高昂、时间空间限制、人效停滞不前等问题在一定程度上限制了线下的用户流量。

对于线下门店而言，获取每一个进店用户都是有成本的，这个成本就是门店的租金、店员的工资、水电物业费用，折算在每一个用户身上，就是门店的用户到店成本。将到店流量转移至线上电商平台，转化为自己的私域流量，才能够做好后期的持续运营和流量变现。以下是常用的将线下门店的流量引流至线上的方法。

3.2.1　限时折扣和赠品

限时折扣和赠品引流是线下门店常用的引流手段，通过利用用户的贪便宜心理，以个别商品极低的售价吸引用户到店消费，用户在进店购买折扣商品时，商家又会设计扫码进群可领会员福利等宣传手段，引导用户转化为自己的私域流量。

引流福利一般为普遍且实用的东西，包括店铺现金抵用券、购物袋以及店铺自带的赠品，由于扫码本身所需要的成本极低，因此大部分用户都会愿意扫码领取当下最需要的物品。

例如，购物袋引流在大型超市、餐饮店以及其他购物店十分常见，商家会在收银台放置专门的购物袋扫码机器，如果用户需要打包袋，可以通过扫描门店的二维码自行免费领取。图 3-18 所示为某超市的购物袋领取情况。

图 3-18

3.2.2 停车券

停车券引流同样具有普适性及常用性，由于人们自驾外出时经常需要停车，在大型超市、购物广场、电影院、商业圈的街道停车都需要收取停车费，且往往按小时计算费用，价格不菲。

发放停车券可以为需要停车的用户省下这笔费用，用户通过在店内消费，并扫描商家的门店二维码获取停车券，凭借该券用户可以不用再额外缴费。图 3-19 所示为某购物中心的停车券发放规则，通过注册会员领取福利的方式，引导线下用户转化为线上流量。

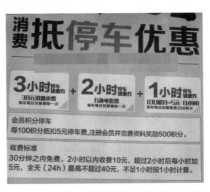

图 3-19

3.2.3 异业联盟推广

异业联盟是指通过联合不同行业、同一小区、多个优质诚信商家一起为门店进行宣传引流，让本地区的用户群体享受到整体的优惠活动。

联合推广能够最大化地扩大线下门店的宣传力度，联合周边门店的力量，一起互帮互助，将一个门店的推广扩展为整个小区内的门店活动宣传推广。在最大化地收集到线下门店的用户流量后，再引导用户添加社群，转化为线上流量即可。

扩大线下门店的流量有以下 4 种方法。

1．与本地新媒体平台合作

商家可以与本地新媒体进行合作，借助新媒体线上平台来宣传活动，每推广一条广告，新媒体可以得到相应的返利。需要注意的是，商家应选择与活动地区、人群相匹配的新媒体平台。图 3-20 所示为某新媒体为长沙地区的消费节活动进行宣传。

图 3-20

2．与本地社群合作

一个小区往往会有许多的社群，商家在本地微信群进行推广，即提前联系群主，并以提供佣金的方式让群主帮忙推广活动。

3．与本地关键人物合作

找到本地有一定资源并且认可本次活动的推广模式与活动价值的关键人物，通过分配佣金与其利益进行绑定，激发他们推广活动的热情。

4．地推

地推又称线下推广，可以通过合作商家的线下门店海报与易拉宝展开，也可以在高校、步行街、商场等人流量密集的地方通过鼓励引导分销者进行。

3.2.4 建立社区关系

随着互联网的发展，网上购物开始占据大部分的客流量，导致传统的门店获客成本越来越高。如何扩大门店的影响力，尽可能地吸收门店周边的用户流量，成为商家需要思考的问题。

由于门店服务的用户圈层大多来自周边小区的住户，商家如果将门店服务融入社区中，无疑能够给门店的品牌带来更大的价值与客流量。将门店融入社区并付出心力，才能够与社区建立良好的合作关系，获得周边居民的信任，从而扩充用户来源。

门店与社区的关系可以分为 3 个层面。

1. 基于产品和服务的关系

社区居民初次到店进行消费，门店的产品和服务能否高出用户的预期，并在复购时给用户产品和服务都提升的感知，让用户认可自己的产品和服务，是这个层级关系的核心。

例如，电商平台"兴盛优选"一直以细致体贴的送货上门服务为社区居民提供便利，增加了用户与商家之间的信任感。图 3-21 所示为兴盛优选的上门服务过程。

图 3-21

2. 服务和用户感觉的关系

用户感觉是一个综合影响因素，包含门店内的装修、物料布置、音乐等，需要门店持续优化服务，将服务做到极致。

3. 服务和用户深厚感情的关系

这个时候用户到店里来不再单纯以客户的身份，而是以朋友的身份来店里串门，店内每一个服务人员都能认出重点用户，叫得上对方的名字，了解他的喜好，甚至可以跟这些用户开玩笑。

　　只有搞好门店与社区居民的关系，才能够有效地将潜在用户转化为真实用户，促进公共流量到私域流量的转化。

3.2.5　用户自发引流

　　在店内消费过的用户已经从潜在用户转化为了真实用户，利用好现有的用户流量，鼓励用户自发引流，能够最大效率地为门店进行线上流量转化。

　　以下有几个例子可以鼓励用户自发地宣传门店，带动流量。

1. 鼓励用户发朋友圈集赞

　　鼓励用户发布朋友圈对店铺的活动进行宣传，不仅能有效地将门店流量引流至线上，还能够扩大潜在用户群体。当用户的朋友为其点赞的同时，将会看到门店的活动内容，如果用户对活动感兴趣，就会前往线下门店进行消费。图 3-22 所示为某朋友圈集赞文案。

图 3-22

2. 鼓励用户拍抖音视频

　　鼓励用户拍摄抖音视频进行打卡，相当于将用户变成抖音达人，拍摄带货视频，从而裂变出更多的用户。借助现有的用户流量免费为门店做推广，会使视频更具有真实性，同时，商家可以在视频中和用户进行互动，增强商家与用户关系的同时，减少广告营销的性质，从而避免用户产生排斥心理。

3．鼓励用户加微信和社群

用户加微信的过程实际上就是将公共流量转化为私域流量的过程。当用户首次消费后，如何留住用户群体，使用户转化为长久的客源？可以通过邀请用户加入微信群或实体店社群，并在群聊中经常发放限时优惠、群员专享折扣福利，从而减少用户流失量。

3.2.6　免费体验

免费体验引流适合线下门店体验感较强，但通过线上推广视频无法体现出门店消费感受的行业，如 KTV、室内游泳馆、健身馆等。

商家可以通过举办免费体验活动，邀请用户前往线下门店。例如，教育培训行业可以开设一节体验课，让学生感受编程教育的快乐，如图 3-23 所示，当学生身在其中与老师进行互动交流时，所带来的体验感才是最直接的。

图 3-23

3.2.7　其他引流方法

除了以上几种引流方法，还有以下 4 种常见的线下引流方法，可以为线下门店带来流量。

1．拼团

商家可以设置群组活动，吸引用户拉动新的裂变。例如，店内原价 50 元一对的耳环，商家可以设置买二送二活动，用户就可能会拉动其他用户进行"拼单"购买，从而达到商家想要的裂变效果。设置拼团活动时，不仅可以自定义参与者的数量，还可以设置模拟组，通过"匿名买家"凑满人数。

2. 官方账号干货

有微信官方账号的商家可以通过微信官方账号分享店铺相关文章。例如，水果店运营者可以分享各种水果的切割方法，在文章底部上传小程序二维码，将用户从线下的潜在用户转化为下单用户，完成转化。

3. 外卖配送微信好评卡

有外卖平台的商家可以在配送时放置微信小程序或二维码卡片，将用户迁移到自己的平台，公域和私域两手抓，达到更好的转化效果。

商家将用户引流到微信和社群之后，微信官方账号要经常发放优惠券、发送营销短信、发布店内活动信息，以维护用户，可以通过小程序等营销工具开展活动，如签到＋积分商城、秒杀、砍价的玩法。

4. 发放传单

商家可以在人流量较大的路口发放传单，为门店引流，传单上可以印上门店的专属公众号或小程序二维码，当用户对传单上的内容感兴趣时，就会扫码关注公众号，或直接进入小程序下单购买，从而将潜在用户转化为线上的私域流量。图 3-24 所示为某超市的活动宣传单，在正中央添加了门店二维码。

图 3-24

第4章
原创引流：主动对门店进行营销

短视频的原创引流也是带动线下门店流量的重要一环，只有做好视频内容营销，才能够真正利用好抖音这个平台。在前面章节已经提到过线上的内容运营要点，而这一章节将重点讲述线上短视频运营的操作流程。

4.1　熟知短视频制作流程

很多人制作短视频都是直接使用手机拍摄，但是有的人拍摄出来的效果好，有的人拍摄出来的效果却不甚理想。如果商家想在抖音中快速制作出高质量的短视频，应该怎么操作呢？下面将介绍抖音短视频的基本制作流程。

4.1.1　做好拍摄前准备

有的抖音短视频可能只要短短十几秒，但是，要想拍好这十几秒视频却不是一件容易的事。

抖音短视频的拍摄是一个系统工程，要想快速拍出高质量的短视频，首先要在拍摄之前做好构思和准备工作。具体来说，拍摄抖音短视频主要需要做好 4 个方面的准备工作，具体如下。

1．确定拍摄内容

每个短视频都应该有一个相对明确的主题，让用户知道你要表达的是什么。而要做好这一点，在拍摄之前对内容进行一番构思和准备就很有必要了。当然，在做内容准备时，可以尽可能地细化每个镜头的内容，这样在正式拍摄时就会有的放矢。

2．确定整体架构

短视频内容编写是一个系统工程，从空白到完成整体构建，需要经过 3 个步骤。

第一步，确定短视频创作的主题，这也是关键性的一步，因为只有主题确定了，我们才能围绕主题策划视频内容；第二步，我们要做的就是构建起一个相对完整的视频脚本框架，这又会涉及内容剧情策划；第三步，在框架构建完成后，还需要对一些重点的内容细节进行完善。

3．准备拍摄道具

除了专业摄影设备，对于一些需要道具（包括服装）的短视频来说，一定要在拍摄之前就准备好相关的道具（包括服装）。这一方面可以保证视频的拍摄工作正常进行，另一方面也能让视频的呈现效果更加合乎预期的想法。

4．做好人员准备

拍摄一则短视频有时候可能会涉及出镜人员、摄影师、场务、化妆师等，相关人员的数量可能会比较多。因此，在拍摄之前应该做好人员准备，将各部分的人员确定下来。

4.1.2　选择背景音乐

抖音最早的定位是"年轻人的音乐短视频社区"，音乐的搭配对于抖音短视频来说至关重要。那么如果想要自己的短视频爆火，在选择背景音乐方面有哪些原则呢？笔者为大家总结了 3 点技巧，可以作为参考。

（1）背景音乐要符合视频主题。不同类型的视频会带给人不同的感受，音乐也是如此，正确搭配好视频与音乐的关系，才能产生和谐的音乐美感。

（2）切忌喧宾夺主。背景音乐对于视频来说永远起辅助作用，一定不能让音乐声盖过原本想要突出的视频原声，这样会显得视频内容杂乱无章。

（3）结合当下爆款。抖音在一段时间内会出现几款爆火的音乐，当商家使用了这些爆款作为背景音乐后，能够利用其本身的流量为自己的视频带来热度。

那么该如何选择背景音乐呢？具体操作步骤如下。

Step 01 登录抖音 App，进入"首页"界面，点击界面中的 **+** 按钮，如图 4-1 所示。

Step 02 操作完成后，进入抖音短视频拍摄界面，点击上方的"选择音乐"按钮，如图 4-2 所示。

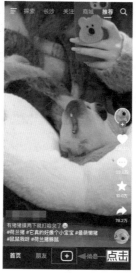

图 4-1　　　　　　　　　　图 4-2

Step 03 执行操作后，会弹出选择音乐的界面，商家可以使用推荐的音乐，也可以搜索指定的音乐，如图 4-3 所示。下面，笔者以搜索指定音乐为例进行说明。

Step 04 ❶ 在搜索栏中输入音乐名称；❷ 选择需要的音乐，如图 4-4 所示。

图 4-3　　　　　　　　　　图 4-4

Step 05 操作完成后，对应音乐后方将出现"使用"按钮。如需使用该音乐，只需点击"使用"按钮，如图 4-5 所示。

Step 06 操作完成后，返回抖音短视频拍摄界面。如果此时界面上方显示音乐的名称，就说明音乐设置成功了，如图 4-5 所示。

图 4-5

图 4-6

4.1.3 上传视频内容

抖音上传作品的方式有两种：直接拍摄上传和本地视频上传。下面就以直接拍摄为例对具体操作步骤进行说明。

Step 01 进入抖音拍摄界面，点击 ✓ 按钮，❶ 在弹出的面板中点击"快慢速"按钮 ⟳；❷ 设置拍摄速度，如图 4-7 所示。

Step 02 点击拍摄界面的"滤镜"按钮 ▨，进入滤镜界面，如图 4-8 所示，系统提供了人像、日常、复古、美食等滤镜类型，商家可以根据需求进行选择。

图 4-7

图 4-8

Step 03 "美颜"效果主要针对人物进行调整，点击"美颜"按钮进入其界面，可以调整磨皮、瘦脸、大眼、清晰等美颜选项，如图 4-9 所示。

Step 04 在拍摄界面点击"倒计时"按钮，可以编辑拍摄时间。拖动右侧的拉杆可以设置暂停位置，如图 4-10 所示。

图 4-9

图 4-10

Step 05 拍摄方式有拍照、点击拍摄和长按拍摄 3 种类型。拍照主要用来拍摄照片；点击拍摄可以用点击拍摄按钮来控制拍摄时长；长按拍摄则需要一直按住拍摄按钮，松开按钮即结束拍摄，如图 4-11 所示。

Step 06 通常使用点击拍摄即可，点击红色的拍摄按钮后，即可

图 4-11

图 4-12

开始拍摄，再次点击可以结束拍摄，如图 4-12 所示。

Step 07 拍摄完成后，进入短视频后期处理界面，在此可以剪辑音乐、处理声音、选择配乐和封面等，处理完成后，点击"下一步"按钮，如图 4-13 所示。

Step 08 执行操作后，进入发布界面，如图 4-14 所示。点击"发布"按钮，此时视频的拍摄和上传便完成了。

图 4-13　　　　　　　　　　图 4-14

4.1.4　进行剪辑加工

　　短视频的后期加工包括剪辑、添加音乐和字幕以及语音配音等，可以在手机上进行编辑，除了抖音 App，商家还可以使用视频剪辑大师、剪映、乐秀编辑器、爱剪辑、巧影、火山小视频、美摄、延时摄影 Lapse it 等 App 进行后期加工。

　　商家拍摄好视频之后，打开相应的 App，点击视频编辑，将所需视频依次选中并上传，然后开始制作，这些后期剪辑 App 的大致流程相似，基本为"导入视频→进行编辑→开始剪辑→剪辑完成"4 部分。

　　另外，商家也可以通过计算机进行剪辑加工，如会声会影、剪映电脑版、Final Cut Pro 和 EDIUS 等都是不错的视频处理软件。商家可以将手机上拍摄的视频导入计算机，把需要的内容进行剪辑，还可以进行添加配乐、配音或字幕等操作。

Step 01 以抖音 App 为例，上传视频后，进入视频编辑界面，点击"剪裁"按钮，可以对视频进行后期处理，如图 4-15 所示。

Step 02 执行操作后，进入视频剪辑界面，拖动拉杆可以对视频进行分割，剪辑完成后，点击"保存"按钮，如图 4-16 所示。

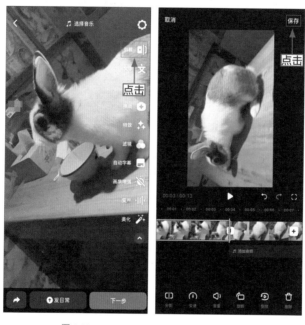

图 4-15　　　　　　　　　　　　图 4-16

在视频剪辑界面也可以添加背景音乐，操作步骤如下。

Step 01 点击"添加音频"按钮，会弹出搜索音乐界面，❶在搜索栏中输入音乐名称；❷从搜索结果中选择需要的音乐，如图 4-17 所示。

Step 02 操作完成后，视频剪辑界面将会显示所添加的音频，如图 4-18 所示。

图 4-17　　　　　　　　　　　　　　图 4-18

4.1.5　进行发布分享

当视频拍摄和加工完成后，就可以进行发布和分享了。进入发布界面，添加作品描述，输入合适的作品描述后，可以让更多人看到你的作品，如图 4-19 所示。

引导语很重要，发布内容引导语的时候要把握好分寸，但是在这里一定要动脑筋，可以借鉴一些爆款作品的标题。另外，还可以在作品描述中添加话题，借助热门话题来增加短视频的曝光量。

点击"@ 朋友"按钮，进入召唤好友界面，在文本框中输入好友昵称，或者直接在下方点击好友图像，都可以 @ 好友。选择好好友后会返回发布界面，可以在标题栏中看到已经 @ 的好友昵称，发布后即可通知这些好友。

点击"选封面"按钮可以进入选封面界面，❶从视频中选择其中一张图片作为封面；❷点击"保存"按钮，便可完成封面的设置，如图 4-20 所示。

图 4-19　　　　　　　　　　　图 4-20

除此之外，商家还可以设置短视频可见范围，如果想让所有人看见，建议选择"公开·但不推荐给可能认识的人"选项，如图 4-21 所示。

相关内容设置完成后，只需点击发布界面中的"发布"按钮，便可完成短视频的发布。与此同时，在抖音个人主页中，作品的数量将增加一个，并且在"作品"板块中将显示刚刚发布的短视频，如图 4-22所示。

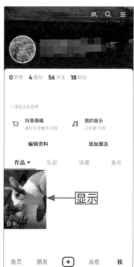

图 4-21　　　　　　　　　　　图 4-22

这里强调一下，有的抖音内容可能只有短短的 15 秒时间，因此我们一定要把所有内容都尽量优化到位。同时，在发布内容的时候，不得含有违规的词语和图像等内容，以免系统审核不通过。

4.2　掌握短视频营销技巧

抖音短视频平台最初的定位就是一个分享短视频的社交软件，而大多数用户之所以登录抖音短视频平台，就是希望能看到有趣的短视频。正是因为如此，短视频成为抖音带货的主要载体，如果能够利用好短视频，就能让产品获得不错的销量。

那么，如何利用抖音短视频进行营销带货呢？这一节，笔者将重点对 5 种抖音短视频的带货技巧进行简单解读。

4.2.1　异性相吸原则

男性和女性看待同一个问题的角度有时候可能会有一些差异，可能某一事物对男性来说并没有多大的吸引力，但是能让女性疯狂追捧。而善用异性相吸的原则，则可以在增强内容针对性的同时，提高内容对目标用户的吸引力。

抖音短视频中异性相吸原则，通常适用于以真人出镜的短视频，用短视频中的美女吸引男性用户，或者用短视频中的帅哥吸引女性用户。采用这种方式的短视频，通常能获得不错的流量，但是，如果短视频中产品自身的吸引力不够，销量可能还是难以得到保障。

其实，在笔者看来，除上面这种方式之外，还有另一种异性相吸方式，那就是让用户购买异性才会用到的产品。让用户看到该产品对于异性的价值，从而让用户愿意将产品作为礼物送给异性。

这种异性相吸原则的使用，关键就在于让用户看到产品对异性的价值，以及异性在收到礼物之后的反应。如果用户觉得产品对异性朋友来说很有用，或者送出该产品能暖到异性的心，那么用户自然会愿意购买产品。

图 4-23 所示为一则关于某女性用品的短视频，可以看到该视频就是采用异性相吸原则，将产品打造成男性送给女朋友的优质礼物来促进产品销售的。

图 4-23

4.2.2　刺激用户需求

一款产品要想获得较为可观的销量，必须还要刺激消费者的需求，让消费者在看到产品的价值之后，愿意花钱购买。

我们经常可以看到，对于一些整体差不多的产品，不同店铺的销量却出现很大的差异，视频的点赞量和收藏量也有一定差距，这是为什么呢？当然，这可能与店铺的粉丝量有一定的关系，那么有的店铺粉丝量差距也不大，同样的产品销量差异却比较大，又是什么原因呢？

其实，除店铺自身的粉丝量之外，一款产品的销量还会在很大程度上受到店铺宣传推广的影响。如果商家能够在抖音短视频中刺激目标用户的需求，产品的销量自然会更有保障。

那么，怎么刺激目标用户的需求呢？笔者认为关键就在于通过短视频的展示，让抖音用户看到产品的价值，并觉得这款产品确实是值得购买的。

图 4-24 所示为某产品的短视频，可以看到该短视频就是通过帮助家长解决孩子爱抢手机这一痛点，引起家长们的共鸣，刺激家长们的需求。

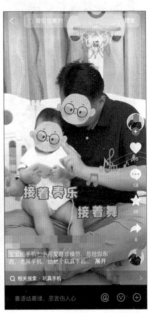

图 4-24

4.2.3　将广告变成推荐

越来越多的人开始对广告，特别是硬广告（指直接介绍商品、服务内容的传统形式的广告，有点强迫人接受的感觉）产生抵触情绪。部分人在看到硬广告之后，不仅不会有丝毫购买某商品的意愿，甚至还会因为对硬广告的厌恶，而直接拉黑推出该硬广告的品牌，决定不再购买该品牌的产品。

其实，硬广告无非就是为了营销，同样是营销，如果换一种方式，取得的效果可能会存在比较大的差异。

例如，抖音商家从好物推荐的角度进行营销，让消费者看到产品的用处，从而让消费者因为产品好用而进行购买，如图 4-25 所示。

图 4-25

4.2.4 点出核心用户

虽然目标用户基数越大，接收信息的人数可能就会越多，但这并不代表获得的营销效果就一定会越好。

为什么这么说呢？这其实很好理解，因为购买产品的只是那些对产品有需求的用户群体，如果商家没有针对有需求的用户群体进行营销，而是花费大量时间进行广泛宣传，那么很可能就会因为对核心用户群体把握不准而难以达到预期的营销效果。

在笔者看来，与其将产品进行广泛宣传，一味地扩大产品的用户群体，倒不如对产品进行分析，找出核心用户群体，然后针对核心用户群体进行营销。确定用户群体后再进行营销，不仅能提高前期视频策划的效率，还能使核心用户群体一眼就看到该产品对自己的用处。

图 4-26 所示的短视频中就是通过点出核心用户群体的方式，让宝妈看到产品的用处，从而拉动产品的销售。

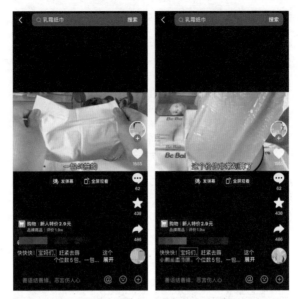

图 4-26

4.2.5　做好预售种草

在产品还未正式上线时，许多商家都会先通过预售种草，提高目标消费群体的关注度。在抖音中，抖商可以通过两种预售种草形式促进产品的推广。

抖音短视频主要由画面和声音两部分组成，商家可以针对这两部分分别进行预售种草。

画面部分：商家可以让预售的相关文字出现在画面中，图 4-27 所示的短视频就是通过这种方式进行预售种草的；声音部分：商家可以通过口播的方式向用户传达产品信息，增强产品对用户的吸引力，实现预售种草。

消费者都是趋利的，许多消费者为了买到更便宜的产品都会货比三家。所以，当商家在抖音中发布预售信息时，消费者一般都会在抖音上搜索类似商品，对同等商品的价值进行评估。

此时，如果在预售中给出一定的优惠折扣，就迎合了消费者的心理，消费者就会觉得该产品物超所值，自然也就更值得购买了。

图 4-28 所示为抖音中预售产品的短视频案例。可以看到该短视频中是以"满 100 减 40"的优惠进行预售的，优惠力度相对来说比较大。因此，当用户在看到这个短视频时，自然会认为此时下手购买是比较划得来的。

图 4-27

图 4-28

4.3 了解内容发布注意事项

虽然抖音平台引流很重要，但是在引流的过程中也要稍加注意，不能为了一时的引流损坏了账号在抖音平台和抖音用户心中的形象。具体来说，在抖音平台中进行引流有 6 个注意事项，这一节笔者就来分别进行解读。

4.3.1 营销前先养号

部分商家可能对"养号"有一些疑惑。什么是养号呢？简单来说就是通过一些操作来提升抖音账号的初始权重。

为什么要养号？这主要是因为抖音会根据权重给予账号一定的推荐量，你的账号权重越高，获得的推荐量自然就会越多。

另外，抖音为了将精准流量推荐给优质的内容创作者，会从不同维度对账号进行检测。而养号的目的就是告诉抖音平台你的账号是一个正常、高质量、内容垂直的账号，你不会在抖音中发布违规的内容。

那么抖音怎么养号呢？笔者认为可以重点把握以下几个方面。

（1）账号信息填写完整，且在粉丝量不足1万时，尽量不要在个人信息中出现微信、QQ等联系方式。

（2）关注与你账号同类型的抖音账号，稳定登录并浏览相关视频，适时与抖音用户进行一些互动。

（3）填写所在的地区，并适时浏览同城推荐的内容。

（4）绑定今日头条、抖音火山等相关账号。

4.3.2　选择发布时间

在发布抖音短视频时，笔者建议商家的发布频率是一周至少两条，然后进行精细化运营，保持视频的活跃度，让每一条视频都尽可能地上热门。至于发布的时间，为了让你的作品被更多的人看到，一定要选择在抖音粉丝在线人数多的时候进行发布。

据统计，饭前和睡前是抖音用户最多的时间段，有62%的用户会在这段时间内看抖音。10.9%的用户会在碎片化时间看抖音，如上卫生间时或者上班路上。尤其是睡前和周末、节假日这些时间段，抖音的用户活跃度非常高。笔者建议发布时间最好控制在以下3个时间段。

（1）周五的18点至24点。

（2）周末两天（星期六和星期日）。

（3）其他工作日的18点至20点。

同样的作品在不同的时间段发布，效果肯定是不一样的，如果在流量高峰期发布，那么作品就有可能被更多人看到。如果用户一次性录制了好几个视频，不要同时发布，每个视频发布时中间至少要间隔一个小时。

另外，发布时间还需要结合自己的目标客户群体进行选择，因为职业的不同、工作性质的不同、行业细分的不同以及内容属性的不同，发布的时间节点也有所差别。

因此，用户要结合内容属性和目标人群，选择一个最佳的时间点发布内容。再次提醒，最核心的一点就是在抖音用户活跃度最高的时候发布，这样得到曝光和推荐的机会会大很多。

4.3.3 软化广告植入

大部分商家都希望通过抖音获取收益，而要想赚钱，进行广告植入又是很有必要的。但是，如果商家直接展示商品，如图 4-29 所示，那么广告做得就太硬了，大部分抖音用户看到这样的广告之后也会选择直接划过去。

那么，怎样在短视频中打广告比较合适呢？笔者认为主要还是要尽可能地将广告软化，让抖音用户对你的广告不那么反感。

例如，可以针对商品设计相关的剧情，让抖音用户既觉得你的短视频具有一定的趣味性，也能从短视频中看到商品的使用效果，如图 4-30 所示。

图 4-29

图 4-30

其实对于一部分抖音用户来说，讨厌的并不是广告，而是一些没有趣味性，一味地强调商品优点的广告。毕竟，大多数抖音用户刷抖音的直接目的是想看有趣的短视频，而不是在抖音里面买东西。如果抖音用户觉得你的短视频是在不停地引导他买东西，那么，抖音用户很容易就会产生抵触情绪。

4.3.4　不要频繁操作

商家在引流的过程中最好不要频繁地进行类似的操作，这主要有以下 4 个原因。

（1）频繁地进行类似的操作，抖音平台会对账号的正常性产生疑问。一旦认定你的账号运营不正常，势必会对账号进行降权处理。

（2）商家在抖音平台上进行的相关操作，如更改个人信息、发布视频等，抖音平台都会进行审核，频繁地进行类似的操作会增加抖音平台的工作量，让平台对你的账号产生不好的印象。

（3）频繁地进行类似的操作也就意味着你需要花费更多时间在相同的事件上，这样你在账号运营的过程中花费的时间成本会大幅提高。

（4）抖音用户可能是因为某些内容才关注你的账号，如果你频繁修改抖音账号内容，例如，将自己的个人信息全部进行修改，或者删除了部分短视频，抖音用户可能就会对你的账号变得陌生，甚至还会以为是自己不小心点了关注，然后对账号进行取关。

4.3.5　谨慎删除视频

很多短视频都是在发布了一周甚至一个月以后才突然开始火爆起来的，这一点给了笔者一个很大的感悟，那就是抖音上其实人人都是平等的，唯一不平等的就是内容的质量。你的抖音账号是否能够快速获得一百个粉丝，是否能够快速吸引目标用户的眼球，最核心的点还是内容。

所以，笔者强调一个核心词，即"时间性"。因为很多人在运营抖音时有一个不好的习惯，那就是当他发现某个视频的整体数据很差时，就会把这个视频删除。笔者建议大家不要去删除之前发布的视频，尤其是你的账号还处在稳定成长的时候，删除作品会对账号产生很大的影响。

删除作品可能会减少你上热门的机会，减少内容被再次推荐的可能性。而且过往的账号权重也会受到影响，因为你的账号本来已经运营维护得很好，内容已经能够很稳定地得到推荐，此时把之前的视频删除，可能会影响到你当下已经拥有的整体数据。

这就是"时间性"的表现，那些默默无闻的作品可能过一段时间后又能够得到一个流量扶持或曝光机会，因此我们不要把作品删除。当然，如果你觉得删除视频没有多大影响，你可以尝试一下，但根据我们之前实操删除作品的账号发现，账号的数据会明显受到很大的波动。

4.3.6　了解创作要求

除了查看抖音平台中的相关规则，商家还需要关注抖音官方发布的内容创作规范。具体来说，商家需要特别关注两个规则文件：一个是《抖音电商内容创作规范》；另一个是《2023 抖音电商优质内容说明书》。这两个文件的具体内容都可以通过抖音电商学习中心平台进行查看。

其中，《抖音电商内容创作规范》明确指出，优质内容的创作需要把握好 4 个要点，即真实（真实客观地进行描述）、专业（专业地介绍商品）、可信（真诚地进行互动交流）和有趣（内容生动，富有趣味性）。

而《2023 抖音电商优质内容说明书》则是在《抖音电商内容创作规范》的基础上，制定了优质内容的评判标准。具体来说，抖音平台会从多个维度对短视频和直播内容进行评判，将内容分为优质、普通和低质三大等级。图 4-31、图 4-32 所示分别为抖音短视频内容和直播内容分级维度。

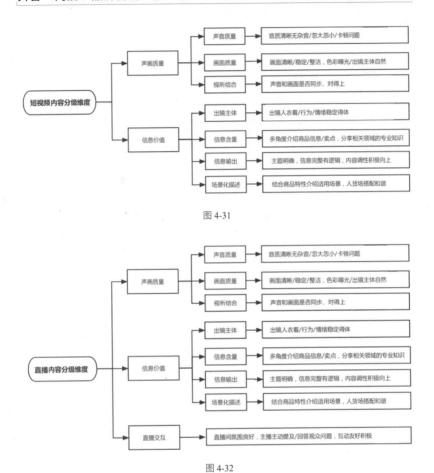

图 4-31

图 4-32

从图 4-31 和图 4-32 所示内容不难看出，抖音平台对短视频和直播内容的评判要求大体相同，只是进一步对直播交互提出了要求。商家可以参照上述两个规则文件打造内容，让自己的内容更加符合平台的要求，从而有效地避免出现内容违规的情况。

特别提醒

抖音内容的评级标准如下。
（1）内容在所有维度上表现较好，则内容评级为"优质"。
（2）内容在所有维度上都没有较差的表现，但是还达不到优质的标准，则内容评级为"普通"。
（3）内容在任意维度上有较差的表现，则内容评级为"低质"。

第5章
达人引流：寻找合适的合作对象

商家可以通过与达人合作的方式，借助达人账号的传播力，为自己的品牌进行推广宣传，因此选好适合自己品牌的达人至关重要，这需要我们了解达人的各方面指标，从上千万的达人中找到和自己产品最适配的人选。本章笔者将为大家介绍寻找达人的平台以及选择达人的相关技巧。

5.1 找到达人合作平台

想要找到合适的达人进行合作，首先要找到达人合作平台。抖音的巨量星图正是为商家和相关运营者提供寻找达人进行合作的平台，本节将为大家介绍利用巨量星图平台寻找达人合作的相关技巧。

5.1.1 了解巨量星图

巨量星图是官方推广的任务接单平台。巨量星图平台与微博微任务以及快手快接单功能类似，主打功能都是为品牌主、MCN（multi-channel network，多频道网络，即为内容创作提供服务的平台）公司以及明星或达人提供广告任务撮合服务并从中收取分成或附加费用。

星图可以帮助创作者进行内容变现，巨量星图平台汇聚了大量的优质广告主，如果你是抖音、西瓜视频、今日头条、抖音火山的创作者，星图会帮助你获得广告主的关注，并完成接单、交易等流程，同时保证交易过程中的高效与安全，让创作者能够透明科学地完成每一个任务，更好地获取收益。

截至 2023 年，抖音用户迎来爆发式增长，日活跃用户量已超过 10 亿人次，月活跃用户已突破 20 亿，其中海外用户占比超过 5%。流量的爆发与大批百万或千万级红人的出现让很多机构都开始涌入抖音寻求达人合作。

5.1.2 开通星图账号

商家可以开通一个星图账号，在巨量星图平台寻找合作达人。商家作为寻找达人合作的一方，首先需要明确自己开通的账号类型，巨量星图平台账号类型共有 3 种，分别是品牌主账号、代理商帮助客户下单账号以及代理商基础账号，具体如表 5-1 所示。

表 5-1 巨量星图平台账号类型

注 册 类 型	注册账号的具体要求
品牌主账号	品牌主（或有推广诉求的代理商）自行在平台操作下单，对账号、任务发布、进度跟踪以及投后数据等进行管理和查看。注册方式上，支持平台自助注册或联系对应销售注册
代理商帮助客户下单账号	部分品牌主希望账号、任务发布以及进度跟踪等由代理商代为管理和使用，在注册时可通过"绑定代理商"的方式，满足需求。注册方式上，需联系对应销售注册，如后续有充值、开发票以及退款需求，需联系代理商处理
代理商基础账号	代理商注册星图基础账号，即代理商注册自己的星图账号。注册方式上，由代理商联系对应销售注册

　　一般来说，普通商家注册的星图账号都属于品牌主账号类型，下面将对品牌主账号的注册步骤进行介绍。

Step 01 打开巨量星图官方网站，❶在右上角单击"登录星图"按钮；❷在弹出的面板中单击"客户"按钮，如图 5-1 所示。

图 5-1

Step 02 执行操作后，进入登录页面，填写联系人、联系电话、联系邮箱、账号昵称，如图 5-2 所示。

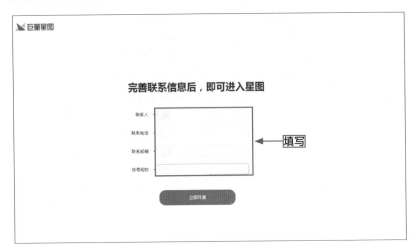

图 5-2

Step 03 完成信息填写后，单击"立即开通"按钮，页面会显示成功开通星图账号的提醒，随后跳转至"巨量星图"页面，如图 5-3 所示。

图 5-3

若需要发布任务，接下来还需要进行资质认证，资质认证包含主体资质认证、对公验证和 CA 签章认证。

Step 01 在"巨量星图"页面，❶单击 ✿ 按钮；❷在弹出的面板中单击"账号管理"按钮，如图 5-4 所示。

图 5-4

Step 02 执行操作后，进入新的页面，❶单击"资质信息"按钮，❷在右侧的"认证中心"板块中单击"去认证"按钮，如图 5-5 所示，进行资质认证。

图 5-5

Step 03 执行操作后，进入"企业认证"页面，如图 5-6 所示，填写相关信息、上传资质照片后，单击"下一步"按钮。填写对公验证资料并提交后，等待资质审核结果，通过后即可发布商家任务，给自己的品牌进行推广。

图 5-6

"企业认证"中包含"主体资质"和"对公验证"两个模块，需要用户提前准备好营业执照及对公账号等信息，一次性填写并提交，系统会同步开始审核及验证，这样能极大地提升认证通过效率。

5.1.3 进行达人筛选

在星图广场商家可以看到有成千上万的抖音达人，但并不是所有的达人都适合为自己的品牌进行推广引流。在挑选达人时，我们可以根据 5 个条件对达人进行基础的筛选，具体内容如下。

1. 数据表现

达人的数据表现指的是达人视频的日常播放量、点赞、转发、评论等，这些都是评判一位达人是否具有一定的传播影响力，能否为商家的品牌带来热度的重要指标。

评判达人是否能持续地输出优质内容，这需要了解达人除去几个爆款内容以外，日常作品的互动数据是否保持稳定，如果达人只是靠一两个视频爆红涨粉，这样的账号显然不符合品牌推广的要求。

2. 配合程度

与抖音达人合作，还需要考虑在沟通过程中所耗费的时间和精力，为了确保每次合作的效率，商家需要筛选最配合、反应速度更快的达人，这样在推进品牌推广的过程中能够节省不少精力。

对于随意应付拍摄、面对合作表现出消极态度的达人，要在筛选过程中优先排除，而选择沟通能力强、合作精神强、有责任感的达人进行合作。

3. 达人形象

视频中的达人形象也是商家需要关注的重点。不同的达人形象决定了是否和商家所需要推广的品牌相适配。例如，美妆品牌需要选择颜值高的达人主播，而服装品牌需要挑选身材较好的达人主播，这样才能够放大自己的品牌效果。

4. 创意能力

在成千上万的推广视频中，要想做到让用户一眼注意到自己的品牌，创新是第一要素。挑选优秀的达人，需要其有足够多的创意，能够借助不同场景、不同情感、不同故事来展现多种创意。

判断达人的视频是否新颖有创意，可以通过观察达人的日常视频中是否有不同的玩法和原创内容，筛选出具有出众创意能力的达人团队，这样能提升品牌的推广视频质量。

5. 地域信息

有线下门店的商家会有需要达人前往门店进行拍摄的要求，对于必须在特定区域开展视频拍摄工作的品牌来说，需要优先选择在门店周围附近的达人。

我们可以从达人的日常视频内容以及个人简介中了解达人的所在地区是否与门店相近，距离相对近一点的达人能够拍摄更多的线下真实体验，这也是一种优势。

5.2　寻找要合作的达人

登录巨量星图平台后，商家会进入达人广场，在开通星图账号并掌握挑选达人的基本标准后，商家可以进入不同的广场，根据自己的需要，按照品牌行业、内容、受众等条件筛选合适的达人。本节将为大家介绍不同达人广场的分类，并以短视频广场为例，介绍达人筛选功能。

5.2.1　达人广场的分类

进入"巨量星图"页面，单击"达人前选"按钮，可以看到达人广场分为4类，如图5-7所示，分别是短视频广场、直播广场、短剧广场、MCN广场。

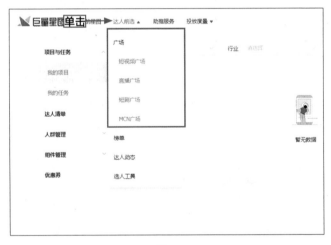

图 5-7

1．短视频广场

短视频广场是商家使用场景最多的达人广场，该广场所提供的达人通过发布短视频的方式为品牌进行推广，在短视频广场页面中可以看到不同的筛选条件，如图 5-8 所示。

图 5-8

2. 直播广场

该广场的达人通过直播带货的形式为品牌进行推广，在挑选达人时更看重达人的直播间互动率、传播效果、报价等，如图 5-9 所示。

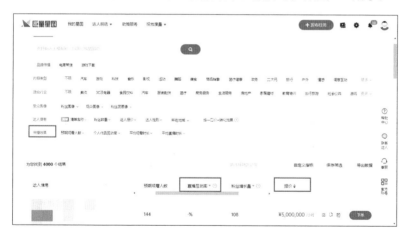

图 5-9

3. 短剧广场

该广场的达人通过拍摄短剧的形式为品牌进行推广，在挑选达人时更看重达人拍摄的短剧类型，如图 5-10 所示。由于短剧广场的视频拍摄所耗费的人力和物力会更多，所以报价相对其他广场也会更高一些。

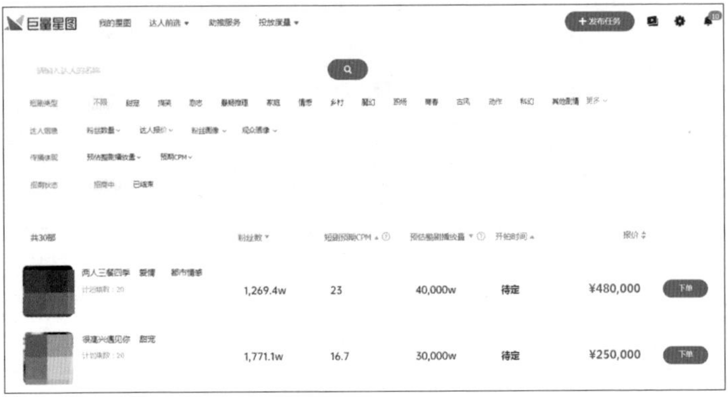

图 5-10

4．MCN 广场

MCN 广场是专门用来找寻专业培养和扶持网红达人的经纪公司或者机构的地方，MCN 机构主要负责达人资源储备与达人运营，依托平台方的政策扶持与资本加持，为其提供专业的孵化管理服务。

例如，抖音平台上有的达人可能因被限流而无法接广告，或粉丝增长遇到瓶颈，遇到这种情况后就会需要抖音 MCN。目前，商家的品牌推广通过短视频推广基本可以解决，而找寻 MCN 机构不仅复杂，而且价格更昂贵，并不推荐使用。

5.2.2　根据内容类型筛选

本小节以短视频广场为例，先从内容类型的筛选条件开始，为大家讲述筛选达人的方法。一般情况下，商家的推广需求都是针对品牌传播的营销应用，因此，商家可以在短视频广场页面中的"品牌传播"板块对达人进行筛选。

进入短视频广场，在"内容类型"一栏中可以看到有美妆、颜值达人、美食、剧情搞笑等不同分类。如果商家需要推广美妆品牌，❶单击"内容类型"一栏中的"美妆"按钮，在弹出的面板中选择所能接受的视频类型；❷如选中"美妆教程"和"妆容展示"复选框，如图 5-11 所示。

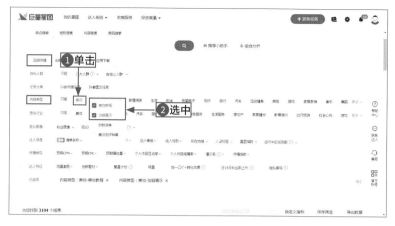

图 5-11

向下滑动页面，可以看到筛选后的达人信息，拖动达人头像右侧的滑竿，可以查看达人的预期 CPM（cost per mile，基于账号预期观看人数与当前报价计算的千次观看费用预估）、预期播放量、传播指数等数据，在最右侧会显示达人的报价，根据需要可以自行选择合适的达人，如图 5-12 所示。

图 5-12

5.2.3　根据适合行业筛选

在"适合行业"一栏中可以看到有美妆、食品饮料、服装配饰等不同分类。例如，商家需要推广食品品牌，❶可以单击"适合行业"一栏中的"食品饮料"按钮，在弹出的面板中根据自己的品牌所属行业选中相应的复选框；❷如选中"休闲零食"复选框，如图 5-13 所示，则代表商家推广的品牌为"休闲零食"一类。

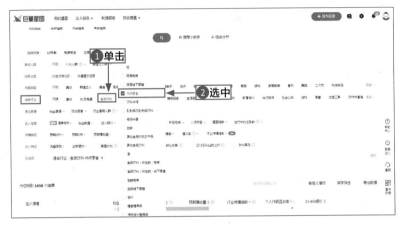

图 5-13

向下滑动页面，可以看到筛选后的达人信息，拖动达人头像右侧的滑竿，可以查看达人的相关数据，在达人头像的右侧会显示达人的视频内容类型，如图 5-14 所示，商家可以结合报价、粉丝数等数据进行选择。

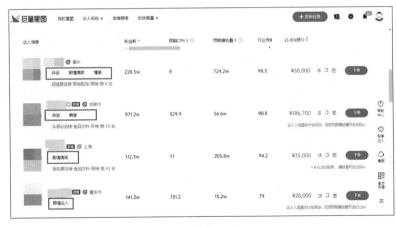

图 5-14

5.2.4　根据受众画像筛选

受众画像指的是达人账号的用户群体类型，可以根据粉丝年龄、粉丝性别、粉丝设备品牌、粉丝地域进行分类，单击"行业通用人群"按钮，会显示根据行业进行的人群分类，如图 5-15 所示。

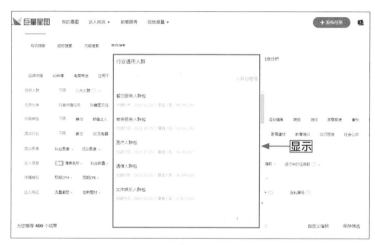

图 5-15

例如，若商家所推广的品牌为某英语课程培训，由于学习英语的人群年龄段比较广，且性别区分不明显，这个时候可以单击"行业通用人群"按钮，选择"教育培训人群包"选项，对达人进行筛选，在达人信息页面则会出现教育培训内容类型的达人，如图 5-16 所示。

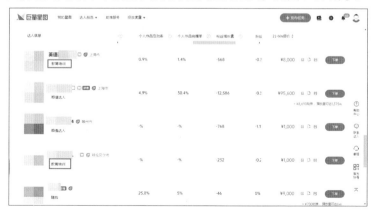

图 5-16

5.2.5 根据达人信息筛选

"达人信息"一栏包括达人的粉丝数量、达人报价、达人等级、达人性别等数据，该筛选功能主要是从达人自身的账号类型角度进行筛选。例如，小型商家对达人报价的接受范围为 0.5 万～ 1 万元，则单击"达人报价"按钮并选择"0.5w-1w"选项，如图 5-17 所示。

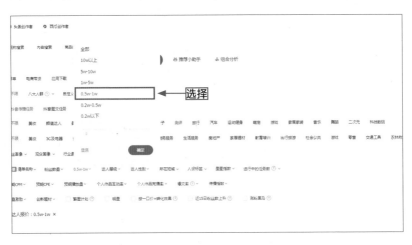

图 5-17

5.2.6 根据传播表现筛选

在"传播表现"一栏，可以看到预期 CPM、预期 CPE（cost per engagement，每次互动费用，是一种按互动次数计费的广告展示方式）、预期播放量等数据，这些体现了达人的日常视频内容数据，能最直观地表现达人的传播影响力，如图 5-18 所示。

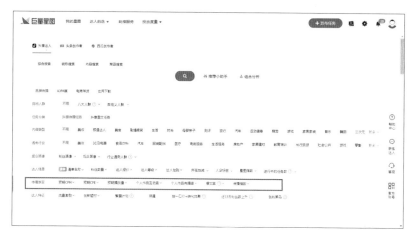

图 5-18

5.3　联系达人达成合作

在达人广场筛选到合适的达人之后，我们需要联系达人，和达人促成合作，并为合作相关事项，如推广价格、推广内容、推广时间等进行协商。本节将为大家介绍与达人建立联系并发布推广任务的流程。

5.3.1　与达人建立联系

筛选到合适的达人后，单击达人头像，如图 5-19 所示。

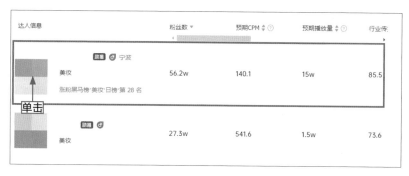

图 5-19

执行操作后，进入达人主页，可以看到达人的星图指数等相关数据，单击"联系"按钮，可以看到有4种联系方式，分别为查看微信、在线沟通、项目邀约、电话沟通，如图5-20所示。

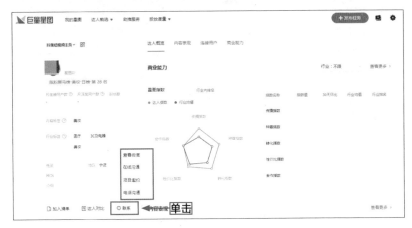

图 5-20

查看微信指通过添加微信直接在手机上联系。其他3种沟通方式的步骤如下。

1．在线沟通

进入在线沟通页面，商家可以给达人发送消息，若达人是在线状态，双方可进行即时沟通；若达人未在线，上线后也可收到客户信息。在线沟通页面支持多个对话同时进行，也支持文字、图片的发送。

2．项目邀约

项目邀约也在在线沟通页面，❶单击右侧"发送邀约"按钮，弹出"发起项目邀约"对话框；❷填写相关信息；❸单击"发送"按钮，如图5-21所示。

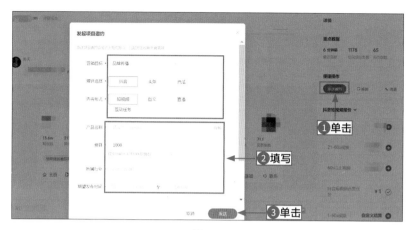

图 5-21

3．电话沟通

单击"电话沟通"按钮，弹出"请求电话联系"对话框，根据弹窗信息填写合作留言以及联系方式，单击"发送请求"按钮，如图5-22所示。

图 5-22

达人若在 24 小时内回复确认沟通，商家对应的手机号码以及 PC端将接收到达人对应的信息，平台会提供虚拟号码供双方进行双向沟通。

> **特别提醒** 在线即时沟通工具旨在提升客户和达人的沟通效率，便于推进双方高效开展业务交流，敬请使用文明用语，不发表、传送、散布或传播任何不当的、亵渎性的、诽谤性的、淫秽的、粗俗的或非法的标题、名称、资料或信息。

5.3.2　发布推广任务

在与达人取得联系之后，就可以发布推广任务了，具体操作如下。

Step 01 在"巨量星图"页面，单击右上角的"发布任务"按钮，如图 5-23 所示。

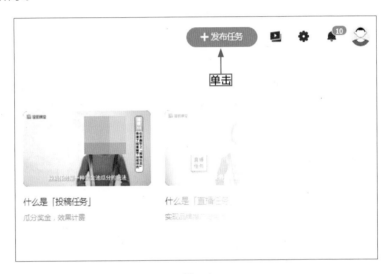

图 5-23

Step 02 进入发布任务页面，❶选择营销目标、媒体传播平台、推广内容形式、发单模式等选项；❷单击"下一步：去完善需求"按钮，如图 5-24 所示。

Step 03 进入完善信息页面，❶单击左侧的"结算方式"按钮；❷选择结算方式；❸填写总预算，如图 5-25 所示。

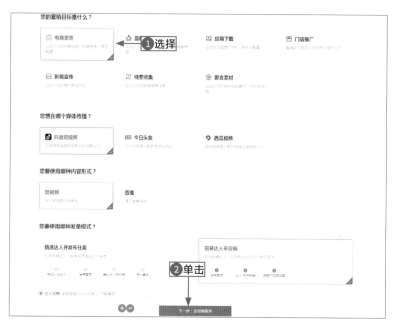

图 5-24

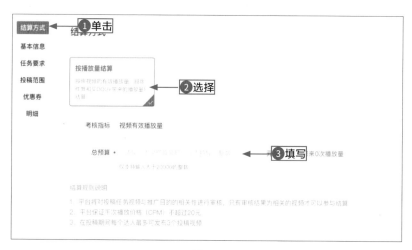

图 5-25

 特别提醒　考核指标中的有效播放量指视频播放完成度在 75% 以上，若用户观看时长低于视频总时长的 75%，将不计算为有效播放量，不纳入结算范围。

Step 04 向下滑动页面，进入"基本信息"板块，如图 5-26 所示，填写产品名称、所属行业、产品介绍等信息。

图 5-26

Step 05 向下滑动页面，进入"任务要求"板块，如图 5-27 所示，填写内容要求、示例视频、补充说明等相关信息。

图 5-27

内容要求包括镜头要求、字幕/文案要求、达人口播要求、引导组件要求、话题要求等，系统审核视频时会严格按照硬性要求审核，请谨慎清晰设置，且内容要求中最多包含 4 条硬性要求，每条要求描述不超过 60 个汉字。

Step 06 向下滑动页面，进入"投稿范围"板块，如图 5-28 所示，选择达人参与投稿的内容类型、达人地域、达人性别等信息。

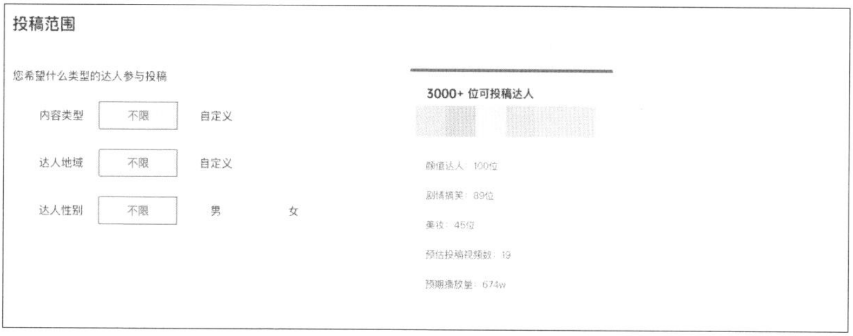

图 5-28

Step 07 向下滑动页面，进入"优惠券"和"明细"板块，会显示招募达人的账单明细，如图 5-29 所示，确认无误后，单击右下角的"发布任务"按钮。

图 5-29

Step 08 成功发布任务之后，在任务页面中就会显示刚刚发布的任务及其报名价格，如图 5-30 所示。

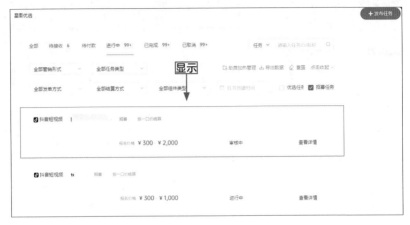

图 5-30

第6章

**开通团购：
获得相关的带货
权益**

团购带货为商家和达人提供
了新的合作机会，只要达人发布
带有位置或团购的视频就有机会
获得收益，实体商家也能获得一
批客流量。本章将介绍团购带货
的开通技巧、参与流程以及达人
参与团购带货可以享受到的基本
权益。

6.1 了解团购带货

团购带货就是商家发布团购任务，达人通过发布带有位置或团购的相关视频吸引用户点击并购买商品，用户完成到店使用后，达人即可获得佣金。需要注意的是，团购带货售卖的商品是以券的形式发放给用户，不会产生物流运输和派送记录，需要用户自行前往指定门店，出示商品券，完成消费。

团购带货之所以如此火爆，主要是因为达人只需要发视频就能获得收益，而商家只需要发布任务就能获得客人，用户也能以优惠的价格购买到商品，一举多得。本节将介绍商家如何开通"团购带货"功能和达人如何申请团购带货。

6.1.1 提升店铺名气

团购带货为商家带来客流量的同时，也能提高店铺的知名度。商家想开通"团购带货"功能，首先要开通一个抖音的企业蓝 V 账号，下面介绍具体的操作方法。

Step 01 打开并登录抖音 App，❶切换至"我"界面；❷点击右上角的 ≡ 按钮；❸在弹出的面板中选择"抖音创作者中心"选项，如图 6-1 所示。

Step 02 执行操作后，即可进入抖音创作者中心界面，点击"全部"按钮，如图 6-2 所示。

图 6-1

图 6-2

Step 03 执行操作后，弹出"我的服务"界面，点击"企业号开通"按钮，如图 6-3 所示。

Step 04 执行操作后，进入开通企业号界面，如图 6-4 所示。商家根据要求上传营业执照、进行企业身份验证并填写相关认证信息，免费资质审核通过后即可享受企业号的所有权益。

图 6-3

图 6-4

> **特别提醒**　商家在抖音 App 或高德地图 App 中填写店铺信息时，一定要与营业执照上的信息保持一致，否则会影响审核结果。

6.1.2　成为团购达人

商家发布团购任务后，用户可以申请成为团购达人，通过发布带有位置或商品的视频来获得现金返佣奖励。要想申请团购带货，用户账号的粉丝量必须大于或等于 1000，这里要求的粉丝量指的是抖音账号的纯粉丝量，不包括绑定的第三方账号粉丝量。用户如果想查询账号的粉丝量，可以在"我"界面中点击"粉丝"按钮，进入相应界面，查看各平台账号的粉丝量。

用户打开并登录抖音 App，进入"我的服务"界面，点击"团购带货"按钮，如图 6-5 所示。执行操作后，进入"申请团购带货"界面，如图 6-6 所示，如果用户的账号符合条件，点击"去实名认证"按钮即可进行申请的下一步骤。

图 6-5　　　　　　　　　　　图 6-6

6.2　团购带货的步骤

达人想通过团购带货获得佣金收益，只需要在发布视频时添加相应的位置或团购，等用户通过视频点击并购买商品，到店使用后，达人就可以获得现金收益。本节将介绍参与团购带货的 3 个步骤。

6.2.1　带位置或团购

参与团购带货的第一步就是发布带有位置或团购的视频作品。达人挑选好推广门店或带货商品后，就可以制作并发布视频了。这一步有两个重点需要达人特别注意：一个是制作高质量且相关性高的视频；另一个是发布作品时要带位置或团购。

1. 制作高质量视频

制作高质量的视频有利于提高达人的返佣收益。因为位置或团购信息在视频中显示的位置较小，所以用户是否会点击查看甚至购买商品，很大程度上取决于达人的视频质量。视频的质量越高，用户购买并使用商品的概率就越高，达人获得的佣金自然也越高。

想制作高质量的视频，达人可以从策划视频内容和视频后期剪辑两个方面入手。策划视频内容时达人要注意视频内容与团购商品的相关性。相关性越高，用户的信任度才会越高；如果相关性很低或者完全不相关，用户很难对团购商品产生信任，购买商品的概率也会变低。视频拍摄完成后，达人可以使用剪映 App 进行剪辑，并为视频添加音乐、字幕、贴纸、滤镜和特效等元素，丰富视频内容，增加团购商品的吸引力。

2. 添加位置或团购

视频制作完成后，就可以在抖音中发布视频，达人发布视频时一定要记得添加位置或团购，否则就无法获得收益。不过，一个视频不能同时添加位置和团购，达人根据需要选择添加其中的一个即可。下面介绍添加位置或团购的操作方法。

Step 01 点击任意界面下方的 ➕ 按钮，进入拍摄界面，点击"相册"图标，进入"所有照片"界面，❶切换至"视频"选项卡；❷在自己的视频库中选择相应的视频，如图 6-7 所示。

Step 02 执行操作后，进入编辑界面，点击"下一步"按钮，如图 6-8 所示。

Step 03 执行操作后，进入发布界面，点击"添加位置 / 门店推广"按钮，如图 6-9 所示。

Step 04 进入"门店推广"界面，❶在搜索框中输入并搜索相应的门店关键词；搜索结果中将会出现包含关键词的门店，❷选择对应的门店，如图 6-10 所示，即可成功添加门店链接。

图 6-7

图 6-8

图 6-9

图 6-10

Step 05 达人还可以使用团购组件添加团购商品，❶点击"添加标签"按钮；❷在弹出的"添加标签"板块中选择"团购/外卖"选项，如图 6-11 所示。

Step 06 执行操作后，进入搜索界面，❶在搜索框中输入并搜索关键词；❷点击相应商品右侧的"添加"按钮，如图 6-12 所示，即可成功添加团购商品链接。

图 6-11   图 6-12

需要注意的是，选择门店或商品时，达人一定要选择有商品的门店或有佣金的商品，否则即使用户购买并使用了商品，达人也不会获得现金奖励。

6.2.2 购买团购商品

视频发布完成后，只要用户从视频中购买商品并完成使用，达人就可以获得返佣收益。那么，用户如何购买并使用团购商品呢？

用户在观看视频时，如果对团购商品感兴趣，可以点击视频中的绿色店铺信息标签，进入店铺主页查看店铺信息、团购商品和打卡视频，如图 6-13 所示。

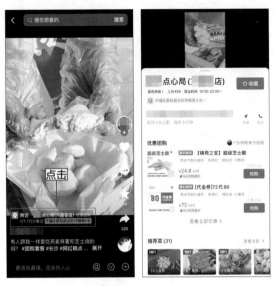

图 6-13

如果想购买商品，用户只需在店铺主页中点击相应商品，进入团购详情界面，点击"立即购买"按钮，如图6-14所示；进入"确认订单"界面，点击"提交订单"按钮，如图6-15所示，完成支付后即可参与团购。

用户购买成功后，❶可以在"我"

图 6-14

图 6-15

界面中点击 ▤ 按钮；❷在弹出的面板中选择"我的订单"选项，如图6-16所示。进入相应界面，点击"我的订单"按钮，在"待收货/使用"

界面中查看商品信息，如图 6-17 所示。如果用户想使用商品，只需要在规定时间内前往相应的门店出示商品码或商品券，店家核销订单即可完成消费。

图 6-16

图 6-17

特别提醒 核销指的是用户出示团购商品券或商品码后，店员根据流程对订单信息进行核实和注销的操作。只有完成核销，订单才会显示为已完成状态，用户才能获得购买的商品，店家才算售出商品，达人也才会获得佣金奖励。

6.2.3 查看返佣奖励

返佣奖励只有用户完成到店使用后才会发放，达人要在团购核销后等待 10 分钟才能看到更新的订单和佣金收益。达人可以单独查看返佣收益，但无法单独提现，只能先将返佣收益进行结算，结算完成后再将账号的累计收益提现到自己的账户。下面介绍达人查看返佣奖励的操作方法。

Step 01 进入抖音创作者中心界面，点击"收入中心"按钮，如图 6-18 所示，即可进入"收入中心"界面。

Step 02 在"收入中心"界面可以查看账号昨日、近七日、近三十日的收入，这里的累计收入包括各种任务奖励和团购带货的返佣奖励，如图 6-19 所示。

图 6-18

图 6-19

6.3　达人的基本权益

用户成为团购达人后，可以享受到更多权益，获得更多扶持和变现机会。团购带货的权益一共有 10 个，达人团购带货等级的高低决定了可享受权益的多少，各等级对应的权益如表 6-1 所示。

表 6-1 各等级对应的权益

达人的团购带货等级	达人可享受的权益
Lv1	团购分佣、数据中心以及课程中心
Lv2	团购分佣、数据中心、课程中心以及新功能试用
Lv3	团购分佣、数据中心、课程中心、新功能试用以及达人广场
Lv4	团购分佣、数据中心、课程中心、新功能试用、达人广场、官方社群以及官方活动
Lv5	团购分佣、数据中心、课程中心、新功能试用、达人广场、官方社群、官方活动以及荣誉奖励
Lv6	团购分佣、数据中心、课程中心、新功能试用、达人广场、官方社群、官方活动、荣誉奖励、签约机会以及专属运营

可以看出，团购带货等级越高，达人可享受的权益就越多，Lv6 的团购达人可以享受所有权益。但是可能一些达人还不清楚各项权益究竟是什么、有什么作用，本节将介绍各项权益的具体内容和作用。

6.3.1 获得带货佣金

达人申请团购带货成功后，就可以开通视频添加团购带货组件功能，通过发布添加了位置或团购的视频来获得返佣奖励。团购带货的变现门槛相对较低，达人只需要拍摄探店视频，并添加相应链接进行发布，就可以坐等佣金到账，不需要花费太多时间和精力，成本低但收益可观。

达人想获得返佣奖励，就要选择有佣金的商品进行带货。那么，如何更快地找到更多有佣金的商品呢？抖音整合了同城的佣金商品资源，达人只需进入"选品带货"界面，就可以快速找到心仪的商品。下面介绍查找商品的操作方法。

Step 01 进入抖音创作者中心界面，点击"团购带货"按钮，如图 6-20 所示。

Step 02 在"团购带货"界面中会显示达人的收入情况，包括佣金收入、30 日交易额以及 30 日订单量，❶切换至"选品带货"选项卡；❷点击其中任意一个商品右侧的"去带货"按钮，如图 6-21 所示。

Step 03 执行操作后，即可进入"选品广场·长沙"界面，如图 6-22 所示，界面

图 6-20

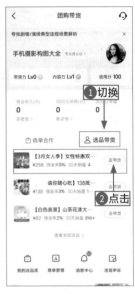

图 6-21

会根据账号的位置定位切换至相应城市，并默认显示定位附近所有有佣金的团购商品及门店。

Step 04 达人可以直接搜索相应的商家或商品名称，也可以通过设置综合排序浏览和查找商品，❶点击"综合排序"按钮；❷在弹出的列表框中可以任意选择"距离近优先""高销量优先""高价优先"等选项，如图 6-23 所示，根据设置的排序条件，页面会重新显示排序结果。

图 6-22

图 6-23

6.3.2　了解带货能力

达人可以在"数据中心"界面查看详细的电商数据，只需要在"功能列表"界面中点击"数据中心"按钮，即可进入"数据中心"界面，如图 6-24 所示。选择"数据全景"选项卡，并点击"电商"按钮，即可查看相应数据，如图 6-25 所示。

图 6-24

图 6-25

"数据中心"界面展示的数据包含各个渠道的成交人数、金额和订单数，而"团购带货"界面为达人提供的数据看板可以让达人有针对性地查看带货数据，让达人对用户偏好和自身带货能力有一个全面的认识。

在"团购带货"界面中点击"看详情"按钮，如图 6-26 所示。执行操作后，即可进入"团购带货近 30 日数据看板"界面，如图 6-27 所示。

图 6-26　　　　　　　　　　　　图 6-27

6.3.3　学习涨粉知识

　　为了帮助达人更好地进行团购带货，获取更多的返佣奖励，抖音为达人提供了专业的"学知识"板块。在"团购带货"界面向下滑，选择"学知识"板块中的"新手入门"选项，即可进入"新手必学"界面，学习短视频带货的流程和实用技巧，如图 6-28 所示。

　　抖音目前还支持直播带货，但是直播带货并没有面向所有达人开放，只有带货等级在 3 级及以上的达人可以申请。可以在"团购带货"界面中选择"学知识"板块中的"高手进阶"选项，如图 6-29 所示，进入"内容运营"界面，在该界面中提供了关于了解直播带货的教学课程，如图 6-30 所示，点击任意课程即可进入视频播放界面，观看课程视频。

图 6-28

图 6-29   图 6-30

6.3.4　达人的其他权益

达人申请团购带货成功后，就会获得 50 分的等级分，团购带货等级自动成为 Lv1，因此可以享受团购分佣、数据中心和课程中心 3 项权益，但其他权益需要达人不断提升带货等级才能逐步解锁。下面介绍其他权益类型。

1．新功能试用权

抖音不断推出的新产品和新功能为用户带来新鲜感的同时，也提高了用户的黏性和活跃度。达人可以提前试用抖音推出的最新产品和功能，研究新产品或新功能的使用方法，为视频创作和变现增加新花样。

2．入驻达人广场

达人广场是抖音提供的达人交流平台，这里汇集了众多优质达人，入驻达人广场可以帮助达人了解和学习其他人的带货方式，提高达人的带货能力。

达人广场除了对达人开放，还对商家开放，商家可以直接在达人广场上挑选合适的达人进行沟通，提高了达人获得商单的概率。

3．进入官方社群

官方社群可以为达人提供更多、更新的信息，帮助达人更好地运营账号。不过，达人无法主动加入官方社群，只有当达人的团购带货等级达到 Lv4 后，才会收到抖音官方发送的邀请私信，通过邀请才能进入社群。

4．官方活动机会

达人的团购带货等级达到 Lv4 后，会获得更多参与官方团购活动的机会，还会获得一定的流量扶持，帮助达人获得更多现金返佣奖励。

5．荣誉奖励资格

优质达人有机会获得参与大小晚会的资格，还可能获得奖项提名和认证，有利于提高达人的知名度、拓宽达人的交际面。

6. 官方平台签约

当达人的团购带货等级达到 Lv6 时，会获得与平台签约的机会，正式签约后，达人还会获得专属的流量扶持。

7. VIP 客服服务

优质达人会获得专属运营客服，可以解决达人在运营账号过程中的许多问题，帮助达人更轻松地进行带货和变现。专属运营客服的具体作用如图 6-31 所示。

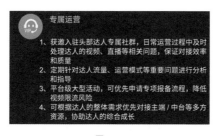

图 6-31

第**7**章
团购带货：
实现变现收益的
暴涨

　　很多网红博主都想在运营抖音号的同时，通过团购带货来赚取"零花钱"，而商家也希望借助网红博主的宣传来提高店铺销量。本章，笔者就来讲解团购带货的运营方法，帮助商家提升销量和带货收益。

7.1　团购带货的运营技巧

很多商家认为，只要开通团购带货功能就行了，其他的自己可以慢慢摸索。这个想法有些消极，其实团购带货是有运营技巧的，如果商家能够掌握技巧，那么团购带货会变得更加高效，并且获得的收益也会更多。

7.1.1　提升带货等级

抖音平台会随着团购带货达人的等级来解锁权益，图 7-1 所示为 Lv1 团购带货达人可以享受的权益和全部权益。可以看到，虽然团购带货达人的权益总共有 10 项，但是 Lv1 团购带货达人只能享受 3 项权益，其他的权益需要通过提升团购带货达人的等级来解锁。

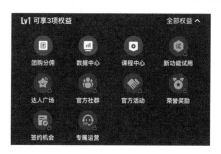

图 7-1

所以，对于商家来说，很有必要完成升级任务，提升团购带货的达人等级。这样，随着获得的团购带货权益越来越多，商家的曝光度不断提高，影响力不断提升，而获得的佣金收益也会不断增多。

7.1.2　查看已入驻达人

有的商家刚做团购带货时可能还没有太多经验，这部分商家可以查看已入驻的达人是怎么运营的，学习成功的经验。具体来说，商家可以通过如下操作，查看已入驻达人的相关信息。

Step 01 进入抖音 App 的"团购带货"界面，向下滑动界面，点击"看榜单"板块中的"查看全部榜单"按钮，如图 7-2 所示。

Step 02 执行操作后，进入所在城市"团购达人榜"界面的"达人带货榜"面板，即可查看同城团购达人的排行情况，如图 7-3 所示。

图 7-2   图 7-3

Step 03 选择所在城市"团购达人榜"界面中的"达人带货飙升榜"选项卡，即可进入"达人带货飙升榜"面板，查看所在城市达人的飙升排行榜。点击该排行榜中某达人账号所在的位置，如图 7-4 所示。

 特别提醒　"达人带货榜"和"达人带货飙升榜"都是固定时间更新的，具体来说，每周周三会根据近四周的带货指数排名更新"达人带货榜"；每个月的 3 号会根据上两个月的带货指数差值更新"达人带货飙升榜"。因此，商家看到的这两个榜单代表的是近期的历史情况，而不是实时的排行。

Step 04 执行操作后，即可进入对应达人的账号主页界面。点击界面中的"团购推荐"按钮，如图 7-5 所示，还可查看该达人曾经推荐过的店铺。

图 7-4

图 7-5

Step 05 执行操作后，即可进入"团购推荐"界面，查看达人推荐过的店铺和商品内容。点击某件商品左侧的"抢购"按钮，如图 7-6 所示，还可查看商品详情。

Step 06 执行操作后，即可进入商品详情界面，查看团购套餐的具体内容，如图 7-7 所示。

图 7-6

图 7-7

　　除了所在城市的"团购达人榜"，商家还可以查看全国的"团购达人榜"排行情况。具体来说，点击"全国"按钮，即可进入全国的"团购达人榜"页面的"达人带货榜"面板，查看全国达人带货排行榜，如图 7-8 所示。另外，选择全国"团购达人榜"界面中的"达人带货飙升榜"选项卡，还可以在"达人带货飙升榜"面板中查看全国达人的飙升排行情况，如图 7-9 所示。

图 7-8   图 7-9

当然，如果需要，也可以点击全国"团购达人榜"界面中对应账号所在的位置，查看达人的主页信息和团购带货视频。

7.1.3 查看优秀带货案例

除了可以查看已入驻达人并学习成功经验，商家还可以通过查看优秀的带货案例，总结这些案例受到用户欢迎的原因，并为之后的团购带货视频提供经验。具体来说，商家可以通过如下步骤查看优秀带货案例。

Step 01 进入抖音 App 的"团购带货"界面，向下滑动界面，❶切换至"找灵感"选项卡；❷在"团购带货"选项区中选择任意一家店铺，如图 7-10

所示，即可查看优秀
视频案例。

Step 02 进入"创作灵
感"界面，选择该店
铺中任意一个带货视
频，如图 7-11 所示，
查看优质带货视频是
怎么做的。

图 7-10

图 7-11

Step 03 执行操作后，
即可进入团购带货
视频播放界面，查
看具体的带货内容，
如图 7-12 所示。

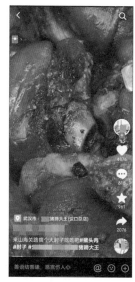

图 7-12

特别提醒 在"创作灵感"界面中，可以点击"团购带货/美食/美食探店"和"全国"按钮分别对带货视频中店铺的所在地区、行业进行分类。根据设置的不同条件，会对带货视频进行筛选。

7.2 团购带货视频的拍摄技巧

在进行团购带货的过程中，带货视频的拍摄非常关键。如果商家拍摄的带货视频对用户有吸引力，那么愿意去对应店铺下单的用户会比较多，而商家通过团购带货获得的收益自然就会比较有保障。

那么，商家要如何拍摄出对用户有吸引力的带货视频呢？这一节，笔者就为大家介绍团购带货视频的拍摄技巧，帮助大家拍摄出对用户更有吸引力的带货视频。

7.2.1 拍摄店铺外景

有的用户去线下实体店中购物时，会比较注重店铺的外景。如果店铺的外景足够好看，那么用户会更愿意进去购物。很多商家也明白这一点，所以这些商家会将店铺外景打造得独具特色。

对此，商家在拍摄带货视频时，可以将店铺的外景展示出来，用美观、独特的外景来吸引感兴趣的用户进店购物。当然，如果商家是帮旅游景

点做团购带货，也可以在视频中重点展示旅游景点里面的特色建筑，通过这些别具一格的建筑来吸引用户前往景点购票。

图 7-13 所示为某商家发布的团购带货视频，因为该商家是为某个旅游景点带货，而该景点中又有许多新颖的欧式建筑，所以该商家便通过展示这些特色建筑来吸引用户。

图 7-13

7.2.2　拍摄店内环境

相比店铺的外景，很多用户可能更在意店内的环境。毕竟购买商品之后，用户需要在店内体验商品或享受相关的服务，如果店内的环境太差，用户会觉得自己很难获得良好的体验。当然，大多数商家也比较注重店内环境的营造，会花费大量资金和心力来进行店内设计。

对此，商家在拍摄团购带货视频时，可以将店内的整体环境展示出来，尤其要展现出店内整洁、美观的一面。除此之外，还可以展示店内比较具有特色的设计，呈现出店内环境的独特性。

例如，某商家在给龙虾馆做团购带货时拍摄了一条视频，这条视频中便是通过展示龙虾馆内的环境来吸引用户的，如图 7-14 所示。从视频中可以发现，该龙虾馆的店内环境比较复古怀旧，而许多年轻用户就喜欢这样的环境，愿意到此拍照打卡。因此有的用户看到这条视频之后，便会选择在这里用餐。

图 7-14

7.2.3 拍摄食物制作过程

近年来，人们对食品安全问题越来越重视，所以在购买食物类商品时，很多人都会慎之又慎。对此，商家可以通过一条团购带货短视频将食物的制作过程展示出来，让用户明白店铺中食物的制作是符合规范的，并且不会存在安全问题。这样，用户看到视频内容之后，自然会更愿意购买店铺中的食物。

例如，某商家在给芝士卷做团购带货时，便发布了一条短视频。这条短视频将芝士卷的制作过程都呈现了出来，用户可以通过该视频看清楚该甜品是如何一步步完成制作的，如图 7-15 所示。

图 7-15

7.2.4 拍摄套餐或多个菜品

有的店铺中销售的是套餐，有的店铺主要是做自助餐。在给这类店铺做团购带货时，商家可以重点拍摄店铺中的套餐或多个菜品，通过同时展示多种商品让用户觉得店铺中的商品物超所值。

当商家为店铺中的套餐带货时，拍摄套餐中包含的商品可以更好地让用户了解套餐的内容，而且如果套餐中包含的商品比较多，用户也会觉得该套餐更值得购买；当商家为某个做自助餐的店铺做团购带货时，则可以将该店铺中的多个菜品展示出来，以突出自助餐菜品的丰富性，让用户觉得该自助餐可以吃的东西有很多。

图 7-16 所示为部分商家发布的团购带货视频，可以看到这些视频便是通过同时展示套餐中的多个商品和菜品来吸引用户的。因为视频画面中的商品和菜品都是用户可以花费固定金额食用的，所以当展示的商品和菜品比较多时，商家推荐的店铺对用户会更有吸引力。

图 7-16

7.2.5　拍摄食物细节

如果商家团购带货的食物很好看，而且细节也做得很好，那么在拍摄视频时可以在画面中单独展示食物的细节，即利用特写镜头来近距离展示食物，如图 7-17 所示。

图 7-17

这种近距离展示食物的视频，不仅可以展示出食物在细节方面的用心，还可以让食物看起来更能使人产生食欲。尤其是那些色彩比较鲜艳和配料丰富的食物，近距离展示的效果会非常好。如果拍摄时灯光营造得好，整个视频画面也会比较有质感，对用户的视觉冲击力也会比较强。

商家需要明白的一点是，人是视觉动物，具有视觉冲击力的事物会更抓人眼球。做团购带货视频也是如此，当商家拍摄单独的食物细节时，如果能够拍出食物的美感，用户看到视频时也会更愿意停留。

7.2.6　拍摄品尝体验

以前很多明星在做产品代言时，只要明星自身有名气就可以，至于明星本人是否使用过该产品则根本不重要。现在广告法有所变化，明星不得为没有用过的产品做代言。

明星广告代言的这种变化从一定程度上反映了用户消费观的变化。以前只要是明星代言的商品，人们就会觉得值得信赖。现在很多人都会觉得明星自己也在使用的东西才是真正值得信赖的。

其实，不只是明星代言的商品，抖音达人推荐的商品也是如此。只有抖音达人亲自尝过并且说好吃的美食，用户才会觉得该美食是真的好吃。对此，商家在为美食类商品做团购带货时，可以通过视频将美食的品尝画面展示出来，让用户明白自己是亲身体验了该商品的，如图 7-18 所示。

图 7-18

> **特别提醒**
>
> 用户之所以更愿意信赖真人品尝和体验过的美食，主要是因为在他们看来，只有亲自体验过才有话语权。如果达人只是对着美食一顿夸，但是始终不肯吃一口，那么用户就会认为该美食的味道可能不太好，毕竟达人自己都不愿意品尝一口。在这种情况下，商家团购带货就很难获得预期的效果。

7.2.7　拍摄服务过程

前面提到，在给美食类（即食品类）商品做团购带货时，最好通过视频将自身体验展示出来，这样的视频才会更有说服力。其实，服务类商品也是如此。如果自己都没有体验过商品就一味地说服务好，那么这种营销话术是没有说服力的。

对此，商家在给服务类商品做团购带货时，可以亲自或让团队中的人员体验一下相关服务，并总结体验过程中的感受。这样，商家便可以结合切身体验总结出该服务的优势，从而通过真情流露吸引更多用户购买服务。

图 7-19 所示为某商家发布的一条团购带货短视频，可以看到该视频中展示的就是商家所在团队的人员亲身体验服务的过程。因为视频中展示了店铺人员专业的服务，而且该服务的性价比也比较高，所以该店铺便成为很多用户的选择。

图 7-19

7.2.8　制作精彩片头

有的用户会根据视频前几秒的内容决定是否要继续观看下去，如果视频片头的内容没有吸引力，用户可能就会选择划走。这样一来，视频的完播率会很低，商家的带货效果就很难得到保障。对此，商家可以对拍摄的视频内容进行剪辑，将比较有吸引力的内容作为片头，以引起用户兴趣，吸引更多用户完整看完整个视频。

图 7-20 所示为某商家发布的一条视频，该视频的开头就是用"在长沙想吃地道又便宜的东北烤肉"的话来吸引用户，由于东北特色烤肉在长沙十分少见，很多用户看到这个片头之后，会更愿意继续观看接下来的视频内容。

图 7-20

7.3　达人的收益类型

团购带货达人的收益主要分为两类，即现金返佣奖励和官方流量扶持。这一节，笔者就为大家简单讲解这两类收益的相关知识。

7.3.1　现金返佣奖励

如果商家为店铺做团购带货，并且有用户通过商家提供的链接购买了商品，那么商家便可以获得现金返佣奖励，而且商家还可以查看佣金收益，并将佣金收益提现。

具体来说，可以点击"团购带货"页面中的"去提现"按钮，如图 7-21 所示。执行操作之后，即可进入"返佣奖励"界面，查看佣金收益的相关数据，如图 7-22 所示。有需要的带货达人还可以通过点击"结算"按钮，根据系统提示将佣金收益提现。

图 7-21   图 7-22

7.3.2 官方流量扶持

除了现金返佣奖励，商家还可以获得官方流量扶持，增加账号和内容的曝光量。具体来说，商家开通团购带货的部分权益之后，即可获得官方的流量扶持。

而且如果商家的团购带货视频做得比较好，商家的账号还会出现在"团购带货达人榜"和"近期优秀带货案例"中，这无疑也可以增加商家的账号曝光量。

2023 年，抖音推出了如下新的流量扶持政策。

❖　所有入驻机构均有机会参与，政策激励覆盖度广。

❖　分赛道运营，设立达人跃升和 GMV 的激励目标。

❖　月维度更新任务，机构每个月都有机会获得激励。

❖　迭代和强化机构规则，帮助机构明确优势经营要素，以提升运营能力和效率。

2023 年的新政策将以更加规范的形式为机构带来明确的经营方向，并通过规则的迭代和强化，帮助机构延伸自身优势与经营要素，提升运营能力和效率。

第8章
直播入门：
了解直播的基本
信息

商家要想在抖音中获取利益，除了短视频，还可以利用直播。直播是抖音中除短视频之外的另一个重要板块。要想把握好直播内容，并入门直播，先要掌握好一些抖音直播功能、确保直播成功进行的方法并规避直播的雷区。

8.1　了解抖音的直播功能

为了保证直播能够顺利进行，我们需要对直播的一些相关事项进行管理。这一节，笔者将重点对直播的开通方式和直播过程中的一些问题进行简单说明，帮助抖商更好地进行直播。

8.1.1　直播的主要入口

随着抖音直播的兴起，现在越来越多的电商开始入驻抖音，利用好直播对商品进行推广，将会获得巨大流量。那么，大家知道抖音直播有几个入口吗？下面笔者就针对该问题进行详细介绍。

1. "关注" 界面

在 "关注" 界面中，如果有抖音账号的头像下方出现 "直播中" 这 3 个字，那么只需点击头像即可进入直播间，如图 8-1 所示。

图 8-1

2．"推荐"界面

进入抖音"推荐"界面，如果看到某个抖音账号的头像周围有一个红色圆框，且头像上方有"直播"两个字，那么只需点击其头像，便可直接进入该账号的直播间，如图 8-2 所示。

图 8-2

3．"直播广场"界面

直播广场上会对正在直播的抖音账号的相关画面进行展示，进入广场后能看到不同类型的直播间。❶点击"推荐"界面左上角的█按钮；❷在左侧弹出的板块中点击"直播广场"按钮，将会随机进入某个直播间，如图 8-3 所示。

图 8-3

8.1.2 直播的开通方式

抖音直播的开通方式主要有两种：一是直接开通；二是加入公会之后开通。下面，笔者先来介绍直接开通抖音直播的操作步骤。

直接开通抖音直播需要实名用户年满 18 岁，当审核通过后，系统就会发来通知，告知你已获得开通抖音直播的资格，如图 8-4 所示。

当然，得到系统通知之后，还只是获得了开通直播的资格，在正式开启直播之前，还需要完成以下步骤，如图 8-5 所示。

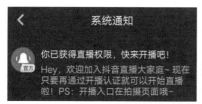

图 8-4

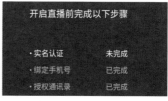

图 8-5

加入公会可以直接开通直播，当然，加入公会通常需要有熟人介绍。那么，如何加入公会呢？具体操作步骤如下。

Step 01 登录抖音App，❶点击"我"界面右上方的 按钮；❷在弹出的面板中选择"我的客服"选项，如图 8-6 所示。

Step 02 操作完成后，进入"客服中心"界面，在"咨询场景"板块中选择"直播问题"选项，如图 8-7 所示。

图 8-6

图 8-7

Step 03 操作完成后，进入"咨询场景"界面，点击下方的"在线咨询"按钮，如图 8-8 所示。

Step 04 操作完成后，在咨询界面中输入"如何加入公会"问题并发送，客服将会弹出对该问题的解答，如图 8-9 所示。

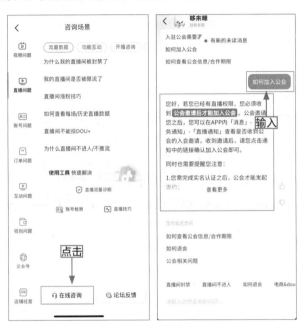

图 8-8　　　　　　　　　　图 8-9

Step 05 操作完成后，可以看到抖音平台对于"如何加入公会"这个问题的解答，其中明确表示，加入公会需要公会主动邀请，如图 8-10 所示。

图 8-10

8.1.3　开通直播的步骤

对于抖音电商运营者来说，抖音直播可谓促进商品销售的一种直接而又重要的方式。那么，如何开直播呢？下面，笔者就对开直播的具体步骤进行简单说明。

Step 01 登录抖音 App，进入视频拍摄界面，点击界面中的"开直播"按钮，如图 8-11 所示。

Step 02 操作完成后，即可进入"开直播"界面，如图 8-12 所示。

图 8-11　　　　　　　　　图 8-12

Step 03 ❶在直播设置界面可以设置直播封面、标题等信息；❷点击"开始视频直播"按钮，如图 8-13 所示。

Step 04 操作完成后，进入抖音直播界面，点击界面中的▣按钮，如图 8-14 所示。

Step 05 操作完成后，弹出"直播商品"面板，点击面板中的"添加直播商品"按钮，如图 8-15 所示。

Step 06 进入"添加团购"面板，点击需要添加的商品右侧的"添加"按钮，如图 8-16 所示。

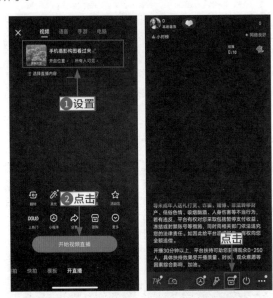

图 8-13   图 8-14

图 8-15   图 8-16

Step 07 操作完成后，在"团购管理"面板中将显示添加的商品，如图 8-17 所示。另外，主播在讲解某商品时，可以在"直播商品"面板中点击该商品右下方的"讲解"按钮，商品封面下方将显示"讲解中"字样，如图 8-18 所示。

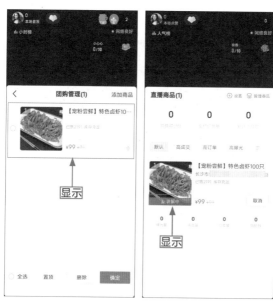

图 8-17　　　　　　　　　　图 8-18

8.1.4　直播中的常见问题

在直播的过程中，我们可能会遇到一些问题，那么怎么解决这些问题呢？下面笔者就对直播中的一些常见问题的解决方法进行简单说明。

1. 直播时没有声音

如果抖商在直播时出现了没有声音的情况，怎样解决呢？对于这个问题，抖音平台在"反馈与帮助"板块中给出了建议，如图 8-19 所示。

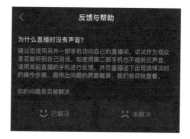

图 8-19

2．直播时黑屏

在直播过程中，如果只有画面而没有声音，直播的效果会大打折扣。同样地，如果只有声音而没有画面，也会从很大程度上影响直播的效果。那么，如果直播时黑屏，看不到直播画面，怎么办呢？抖音在"反馈与帮助"板块中就该问题做出了解答，如图 8-20 所示。

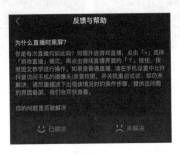

图 8-20

3．直播时卡顿

看直播就像是看影视剧，如果画面不流畅，观众的体验将会受到较大影响。对于直播时卡顿不流畅的情况，抖音也在"反馈与帮助"板块中提供了解决方案，如图 8-21 所示。

图 8-21

4．直播的其他问题

除了上面这些问题，如果还遇到了其他问题怎么办呢？抖音直播的"反馈与帮助"板块中有一个关于"开直播时遇到其他问题怎么办"问题的解决方案，抖音电商运营者可以点击该界面下方的"意见反馈"

按钮，如图 8-22 所示。操作完成后，即可进入"反馈"界面，如图 8-23 所示，通过图片和文字向抖音进行反馈。

图 8-22

图 8-23

8.2　确保直播成功进行

在运营抖音直播的过程中，一定要注意视频直播的内容规范要求，切不可逾越雷池，以免辛苦经营的账号被封。另外，在打造直播内容、产品或相关服务时，商家首先要切记遵守相关法律法规，只有合法的内容才能得到抖音官方审核通过，才可以在互联网中快速传播。

8.2.1　做直播面临的问题

从抖音开始进行直播功能内测，到 2023 年，抖音涌入了大量电商个体户，超级个体户已成为时代大趋势。

随着越来越多的达人在抖音上陆续拥有了直播权限，以及各种品牌电商的加入，抖音本身对于直播的重视和探索也越来越深入。但于 2018

年 4 月，抖音方面突然对外宣称，因提高内容审核标准和建设正能量视频内容池，将暂停直播功能，如图 8-24 所示。

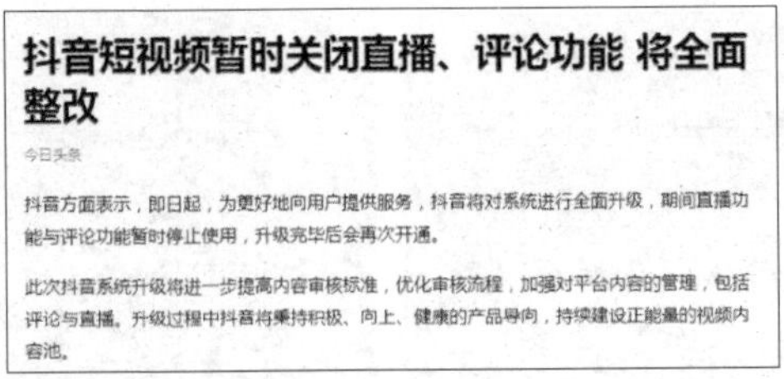

抖音短视频暂时关闭直播、评论功能 将全面整改

今日头条

抖音方面表示，即日起，为更好地向用户提供服务，抖音将对系统进行全面升级，期间直播功能与评论功能暂时停止使用，升级完毕后会再次开通。

此次抖音系统升级将进一步提高内容审核标准，优化审核流程，加强对平台内容的管理，包括评论与直播。升级过程中抖音将秉持积极、向上、健康的产品导向，持续建设正能量的视频内容池。

图 8-24

但抖音直播功能于当年 6 月恢复。在直播的模式上，抖音依然保持了非秀场模式的套路，以粉丝点赞作为排行，侧重达人与粉丝之间的互动性。按照一款应用的生命周期节点分析抖音的话，对于抖音"嫁接"直播，还有 3 个问题值得思考。

1．内容把控

在早几年爆火的网络直播，同期因低俗备受诟病。因为模式单一、内容低俗，直播在这之后逐渐沉寂。后来直播答题换上"马甲"重出江湖，但好景不长，火热的背后是缺乏监管而带来的风险和不良社会影响。

随后，国家广电总局正式发出通知，要求加强管制网络视听直播答题活动。通知中明确指出，未持有《信息网络传播视听节目许可证》的任何机构和个人，一律不得开办网络直播答题节目。内容把控对于开展直播的平台来说是一个基本的要求。

这背后需要强大的内容监管机制，而不仅仅是直播间里弹出的"直播内容严禁包含低俗"的提示所能解决的。

2．嫁接违和

早在前几年，抖音就曾公开表示，抖音直播一不做秀场、二不会有纯职业主播："从抖音出发我们希望直播更多承担达人和粉丝互动交流的作用。做秀场很有可能达不成这个目标。"

按照当时的布局，直播内容要区别于一般秀场直播，带有抖音自身的特点。由此可见，抖音已经想到了与直播的"牵手"会有种种"违和"问题。因此，抖音希望尽量保护抖音的风格不受直播的影响。

3. 玩法创新

公开数据显示，截至 2021 年 12 月，电商直播用户规模占手机网民整体规模的 45%。而根据 Quest Mobile 的数据，2022 年一季度，短视频月活已经突破 9.9 亿人，占手机网民整体规模的比例超过 95%。考虑到短视频在移动互联网用户中的高渗透率以及短视频与直播电商之间的高转化率，电商直播未来还有较大的提升空间。

这份数据还给出了一个方向性预测：互联网直播的"娱乐性"特征将逐渐向"工具性"特征转化。例如，"开箱直播"、在线抓娃娃直播、"淘宝直播产业化"等一系列模式都是这一过程的代表。图 8-25 所示为正在进行手办盲盒的开箱直播。

图 8-25

直播开始谋求向"推介平台"的工具化方向转化，将较低附加值的"娱乐需求"调整至高附加值的"功能需求"。但在这一点上，如果"老铁 666"时代的主播思维不改变，跟不上"工具性"特征转向，那么商业模式和玩法在前几年的"直播混战"中已经穷尽，这一轮直播的"回头路"有没有必要再走？

综上来看，目前热门直播在抖音中还处于"低到尘埃里，找都找不见"的状态，未来想要成为变现主力，还有一段较长的路程要走。

8.2.2　建立专业的直播空间

首先要建立一个专业的直播空间，主要包括以下几个方面。

❖ 直播室要有良好稳定的网络环境，保证直播时不会掉线和卡顿，影响用户的观看体验。如果是在室外直播，建议选择无限流量的网络套餐。

❖ 购买一套好的电容麦克风设备，给用户带来更好的音质效果，同时也将自己的真实声音展现给他们。

❖ 购买一个好的手机外置摄像头，让直播效果更加高清，给用户留下更好的外在形象，当然，也可以通过美颜等效果来给自己的颜值加分。

❖ 其他设备，还需要准备桌面支架、三脚架、补光灯、手机直播声卡以及高保真耳机等。例如，直播补光灯可以根据不同的场景调整画面亮度，具有美颜、亮肤等作用。手机直播声卡可以高保真收音，无论是高音或低音，都可以还原更真实的声音，让你的歌声更加出众。

8.2.3　积极互动提高存在感

抖音没有采用秀场直播平台常用的"榜单 PK"等方式，而是以粉丝点赞作为排行依据，这样可以让普通用户的存在感更强。

下面介绍抖音直播的几种互动方式。

（1）评论互动：❶用户可以点击"说点什么"；❷在弹出的输入栏中输入文字内容；❸点击"发送"按钮，如图 8-26 所示，便可以发布评论。此时主播要多关注这些评论内容，选择一些有趣的和实用的评论进行互动。

图 8-26

（2）礼物互动：礼物是直播平台最常用的互动形式，抖音直播间的礼物名字都比较特别，不仅体现出浓浓的抖音文化，也非常符合当下年轻人的使用习惯以及网络流行文化，如"小心心""抖音""你最好看"等，如图 8-27 所示。

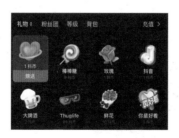

图 8-27

8.2.4 选择符合主题的内容

目前，抖音直播的内容类型比较多样，如音乐、美妆、美食、"卖萌"以及一些生活场景直播等。抖音的直播内容都是根据抖音社区文化衍生出来的，也比较符合抖音的产品气质。

在直播内容创作中，以音乐为切入点可以更快地吸引粉丝关注，在更好地传播好音乐内容的同时，也可以让主播与粉丝同时享受到近距离接触的快感。

8.2.5　直播商品的添加与删除

抖音电商在直播中要想将商品销售出去，最直接的方法就是在购物车中添加商品，为用户提供购买渠道。当然，当商品库存不足时，为了保证能及时发货，运营者还需要将购物车中的商品删除。那么，运营者要如何添加和删除直播商品呢？下面，笔者就来分别进行说明。

1．添加商品

在抖音直播中主要可以通过两种方法添加商品：一种是在开播时通过"开直播"直接添加商品；另一种是在直播过程中添加商品。下面，笔者就来介绍在直播过程中添加商品的方法。

Step 01 进入抖音直播界面，点击界面下方的█按钮，如图 8-28 所示。

Step 02 执行操作后，会弹出"团购管理"面板，点击面板中的"添加商品"按钮，如图 8-29 所示。

图 8-28

图 8-29

Step 03 执行操作后，进入"添加团购"面板，点击商品右侧的"添加"按钮，如图 8-30 所示。

Step 04 执行操作后，界面中会显示"商品已添加到货架"，就说明商品添加成功了，如图 8-31 所示。

图 8-30　　　　　　　　　　图 8-31

2．删除商品

运营者可以直接在直播过程中删除商品，具体操作方法如下。

Step 01 进入"团购管理"板块，❶选中需要删除的商品左侧的复选框；❷点击"删除"按钮，如图 8-32 所示。

Step 02 执行操作后，界面中会显示"团购商品已移除"，就说明商品删除成功了，如图 8-33 所示。

图 8-32　　　　　　　　　　图 8-33

8.3 警惕抖音直播的雷区

随着直播行业的不断深入发展，直播的内容也越来越广泛。但在进行直播时，难免会走入一些误区，误区并不可怕，可怕的是连误区在哪里都不知道。本节将带领大家一起了解抖音直播存在的误区，帮助大家积极采取措施来避免踏入误区或者陷入风险。

8.3.1 三观不正

在进行直播运营时，传递出来的价值观能体现一个直播平台的优劣。特别是视频直播平台中的很多主播传递出了错误的价值观，给社会带来了不良的影响。

1. 粗俗

粗俗的原意是指一个人的举止谈吐粗野庸俗，如"满嘴污言秽语，粗俗不堪"。也许，你可以靠"俗"博得大家的关注提升名气，但难以得到主流社会的看好，而且存在很大的问题和风险。

因此，直播平台、产品、企业或品牌都应该努力传递主流价值观，为社会带来正能量。例如，我们可以借助互联网，积极参与一些社会慈善和公益活动，打造一个助人为乐、传递正能量的 IP 形象，在互联网内容中要坚守道德底线并弘扬社会道德，引导正面舆论，为广大网民树立正确的世界观、人生观和价值观。

2. 拜金

拜金主要是指崇拜金钱。商业社会中的人希望多赚钱并没有错。不过，如果你唯利是图，不择手段且盲目地追求金钱，这就是一种极端错误的价值观。

3. 物欲

除了拜金，物欲也是一种错误的价值观。物欲是指一个人对物质享受的强烈欲望，在这种欲望的冲动下，可能会做出很多错误的事情。《朱子语类》中曾说过："众人物欲昏蔽，便是恶底心。"说的就是那些疯狂追求物欲的人，他们的心灵必定会空虚，而且会经常做出一些荒唐的事情，最终只会让自己变成一个虚有其表、华而不实的人。

例如，西周时，周幽王就曾自导自演了一幕"烽火戏诸侯，褒姒一笑失天下"的历史闹剧，这就是玩物丧志、色欲失心的典型案例。

因此，打造直播内容时应该将物质和精神追求相辅相成，多注重精神层次和幸福感，不能一味地追求物欲，否则你很容易被它牵着鼻子走。

8.3.2　盲目从众

视频直播不仅仅是一个风靡一时的营销手段，还是一个能够实实在在为企业带来盈利的优质平台。当然，需要注意的是，企业不能把视频直播片面地看成一个噱头，而是要努力提高营销转化的效果。

特别是对于一些以销售为主要目的的企业而言，单单利用网红打造人气，还不如直接让用户在视频直播平台中进行互动，从而调动用户参与的积极性。

例如，乐直播联合家具行业的周年庆进行直播，用户不仅可以在微信上直接观看直播，并分享到朋友圈，还可以在直播过程中参与抽奖。这种充满趣味性的活动大大促进了用户与品牌的互动，从而将更多用户转化为购买力。

8.3.3　内容雷同

互联网上的内容平台虽然很多，但其运营模式和内容形式的同质化现象十分严重，这样容易让观众产生审美疲劳。在人物 IP 尤其是网红市场中，同质化竞争主要体现在内容层次方面，典型特点是同一类型的直播内容重复出现，而且内容替代性强。也许你今天红了，明天就很快被别人复制并取代了。

因此，直播平台或企业在做 IP 内容营销时，不能一味地模仿和抄袭别人用过的内容，必须学会创新思维，摆脱老套噱头模式。我们可以从生活、学习、工作中去发散思维，这样才能制作出有持续吸引力的内容。

当然，随着 IP 市场的进一步成熟，会出现更多优质的原创内容，这也是市场发展的大势所趋。人物 IP 必须持续地生产内容，将 IP 衍生到各个领域，这样才可以实现更多渠道的流量变现，也才能拥有更强劲的生命力。

8.3.4　非法侵扰

在直播内容方面，存在侵犯他人肖像权和隐私权的问题。例如一些网络直播将商场、人群作为直播背景，全然不顾他人是否愿意上镜，这种行为极有可能侵犯他人肖像权和隐私权。

隐私权有两个关键点：第一，隐私权具有私密性的特征，权利范围由个人决定；第二，隐私权由自己控制，公开什么信息全由个人决定。

当人们处在公共领域中时，并不意味着他们自动放弃了隐私权，可以随意被他人上传至直播平台。他们可以拒绝他人的采访，也有权决定是否出现在视频直播之中，因为我们在公有空间中有权行使隐私权。因此，直播时不应发生非法侵权行为。

第9章
主播培养：
提高主播的卖货
能力

成为一个优秀的主播是直播
带货的重要一步，商家如果想提
高直播间的销量，可以开通直播
带货功能，这需要商家了解成为
主播的要求及其需要掌握的各项
能力，并提高直播间的变现能力。
笔者将在本章为大家重点介绍这
几个要点。

9.1 了解主播基础要求

什么事情都需要一个过程，如果没有直播的经验，那么就需要通过一定的方法将素人打造成主播，从而培育出网红带货达人。本节，笔者就重点为大家介绍主播打造的相关要点，帮助大家快速成为带货达人。

9.1.1 了解自身定位

一个商家如果想要成为合格的抖音主播，需要了解抖音平台的相关内容，并找准自身的定位。在此过程中，商家要重点做好 3 个方面的工作，即基础准备、技能提升和形成专业团队。

1. 基础准备

商家要想获得成功，快速成为带货达人，就不能打无准备之仗。因此，商家需要先对抖音平台的相关知识，特别是与电商相关的知识有所了解。具体来说，商家需要重点了解 3 个方面的知识，即雪球增长逻辑、四大经营赛道和经营能力提升，如图 9-1 所示。

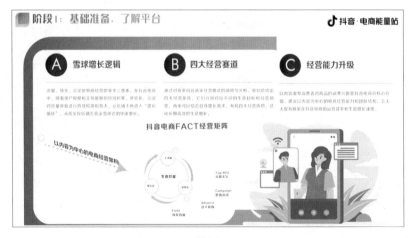

图 9-1

了解了平台的基础知识之后，商家便可以找准自身的定位，特别是类目定位，然后根据不同类目对主播的要求进行自我能力提升，让自己更好地成为一名合格的主播，如图 9-2 所示。

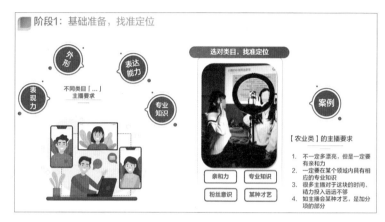

图 9-2

2．技能提升

做好基础准备之后，商家便可以重点提升自己的直播技能，增强自身的带货能力，提升直播间的带货效果。具体来说，在这个过程中，商家需要了解并熟练掌握直播间的一些玩法，如图 9-3 所示。

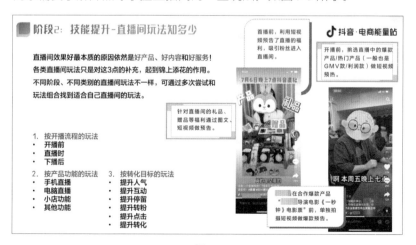

图 9-3

3．形成专业团队

需要特别说明的是，直播并不只是主播一个人的战斗，要想充分发挥直播的带货效果，仅靠主播一个人的力量是远远不够的。这主要是因为在直播过程中，需要做好主播、场景、货品、内容、流量和粉丝等方面的工作，如图9-4所示。这些工作仅靠一个人的力量难以完成，如果有条件，商家可以专门组建一个直播团队。

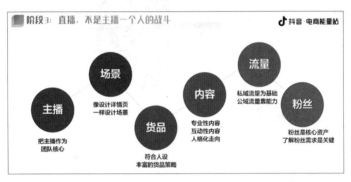

图 9-4

9.1.2 了解主播分层

根据主播的入场时间和带货效果等因素，可以将主播分为多种不同的层级。商家需要了解自身所处的层级和对应层级的管理办法，从而找到合适的直播方案，提升带货效果。下面，笔者就来讲解抖音直播的主播分层及其对应的管理办法。

1．新主播或素人主播

新主播是指刚入驻抖音平台进行直播的主播，而素人主播则是指没有直播经验的主播。如果商家没有直播经验，又刚开始做抖音直播，那么商家便同时属于新主播和素人主播。

抖音电商学习中心并没有明确展示新主播或素人主播的管理办法，对此，商家可以根据这类主播的痛点进行自我管理，并在此基础上提高自身的带货效果。图 9-5 所示为新主播或素人主播的主要痛点和解决方案。

图 9-5

2．中腰部主播或职业主播

中腰部主播是指有一定带货能力，但是带货能力还有待提高的主播。职业主播则是指专门做直播，甚至将其作为职业的主播。通常来说，抖音平台中的大多数职业主播都是中腰部主播。

与新主播、素人主播不同，中腰部主播和职业主播通常都有一定的直播经验，所以这类主播的痛点主要在于无法改变现状，快速提高自身的带货能力。图 9-6 所示为中腰部主播或职业主播的常见痛点。

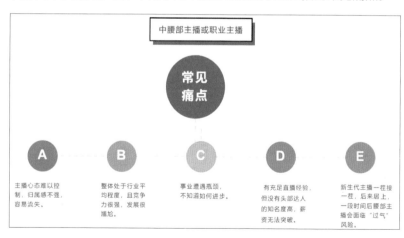

图 9-6

针对中腰部主播或职业主播的常见痛点，抖音电商学习中心从事业方面、心理方面和公司方面给出了管理办法，如图 9-7 所示。对此，商家可以重点做好这几个方面的工作，有针对性地提高主播的积极性和带货能力。

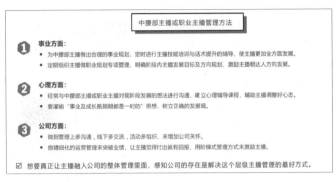

图 9-7

3. 成熟主播或头部主播

成熟主播是指直播经验丰富，拥有系统直播技巧的主播。头部主播则是指影响力和带货能力排在行业前列的主播。通常来说，头部主播大部分都是成熟的主播。

与其他类型的主播不同，成熟主播或头部主播通常没有明显的痛点。对此，商家与其查找这类主播的痛点，还不如找到其特点，让更多主播成为成熟主播或头部主播。图 9-8 所示为成熟主播或头部主播的主要特点。

图 9-8

虽然成熟主播或头部主播的带货经验更丰富，带货能力也比较强，但是抖音平台入驻的主播越来越多，竞争也越来越大。因此，为了保持和提高主播的竞争力，商家还需要对成熟主播或头部主播进行必要的管理。图 9-9 所示为成熟主播或头部主播的管理方法。

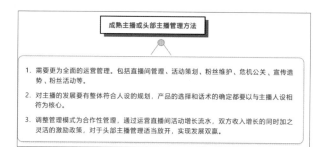

图 9-9

特别提醒　随着直播经验的增加，主播会不断成长。商家要想提高主播的带货能力，就需要根据主播当前所属的类型选择合适的管理方法。

9.1.3　构建直播流程思维

商家如果要想快速培养出优质的主播，需要找到合适、高效的主播培养方式。具体来说，商家可以构建完整的直播流程思维体系，对主播进行系统的培养。这既是培养优质主播的第一步，也是非常关键的一步。图 9-10 所示为抖音直播流程的完整思维体系。

图 9-10

9.2　打造主播个人 IP

新人主播要想通过直播成为热门网红，就要学会创立自己独特的直播风格，打造自己的个人 IP。本节主要讲述主播的 7 种 IP 属性和 IP 品牌的打造方法等。

9.2.1　主播的 7 种 IP 属性

IP 究竟是什么？简而言之，IP 就是招牌，它是当今互联网营销的一个重要手段和模式。为了更好地了解主播如何通过直播平台进行营销，我们有必要事先了解主播的 7 种 IP 属性。

1. 传播属性

随着移动互联网的飞速发展，网络上各种内容的传播速度不断加快，作为一个 IP，无论是人还是事物，都需要在社交平台上拥有较高的传播率。只有在 QQ、微信、微博等主要的移动社交平台上都得到传播，才能符合一个强 IP 的标准。

一个强大的 IP 所必需的属性就是传播，只有传播的范围广，才能影响到各个方面，从而得到更多的利益回报。这也是主播需要学习的地方，只有在各个不同的平台推广自己，才能成为影响力更强的 IP。

同时，口碑也是 IP 传播属性的重要体现。所谓口碑，也就是人们对一个人或一个事物的评价。很多时候，人们的口耳相传往往比其他的宣传方式更加直接有效。例如，大型连锁书店——诚品书店就是一个具有良好口碑的 IP。图 9-11 所示为诚品书店官网。

诚品书店之所以能够深入人心，是因为注重其 IP 的口碑传播属性。口碑传播越强，品牌效应就会越大，那么营销也会越成功。因此，主播需要像诚品书店这个 IP 一样，全力塑造自己的口碑，使得 IP 传播得更广。

诚品书店作为一个独具文艺特色的品牌，凭借其"连锁不复制"

的理念和经营多年积累起来的口碑，已经将各种商业活动拓展开来，如文艺展览、网络购物、旅行和不动产等。

图 9-11

2. 内容属性

如果一个 IP 想要吸引更多的用户，就应该打造优质且真正有价值的内容。在如今这个"营销当道"的社会，内容的重要性不言而喻。随着时代的发展，内容生产者的自由度也越来越高，相应地，内容也变得多彩多样、个性十足，抖音平台上也出现了越来越多注重内容输出的账号。

例如，当想要学习相关课程知识时，在搜索框中输入"课程教学"，会出现许多不同行业的教学账号，如图 9-12 所示。

图 9-12

面对如此繁杂的信息内容，用户难免有些犹豫不决。那么，该如何吸引用户的眼球呢？这就需要内容生产者时刻把握市场的动态，关注用户的需求，然后生产出相应的内容，打造出一个强大的 IP。

除此之外，内容属性与年轻群体的追求也是分不开的。一个 IP 是否强大，主要是看其塑造出来的内容是否符合年轻人的喜好。

3．情感属性

一个 IP 的情感属性容易引起人们的情感共鸣，能够唤起人们心中相同的情感经历，并得到广泛认可。例如，"一禅小和尚"就是一个以分享人生哲理情感为内容的火热原创动漫 IP。它的内容往往富有深刻的道理，能触动人们内心最柔弱的地方，引起人们强烈的共鸣。图 9-13 所示为"一禅小和尚"在抖音发布的情感类短视频。

图 9-13

4．粉丝属性

IP 之所以被称为 IP，就是因为其背后有庞大的忠实粉丝的支持，主播也是一样，离开了粉丝支持的主播不能被称为 IP。热门 IP 都具有粉丝属性，如提到的"一禅小和尚"，这个 IP 在抖音平台上就拥有 4641.5 万粉丝，如图 9-14 所示。

图 9-14

5. 前景属性

一个强大的 IP，必定具备良好的商业前景。以音乐为例，如果一个原创歌手想要将自己的歌曲打造成一个强 IP，就必须给歌曲赋予商业价值。

随着时代的发展，音乐领域的商业价值不仅体现在唱片实体销售量上，还包括付费下载和在线播放量。只有把握好这些方面，才能卖出更多产品，打造强大的 IP。

例如，某歌手纵横华语乐坛数十年，其创作的流行歌曲拿下过无数音乐大奖，如今他的每一首歌曲在音乐平台上都需要开通会员或者购买才能聆听和下载。图 9-15 所示为他的某张数字专辑的购买界面。

图 9-15

当然，既然说的是前景属性，那么并非所有的产品在当下都具有商业价值。企业要懂得挖掘那些有潜力的 IP，打破思维固态，从多方位、多角度进行思考，全力打造符合用户需求的 IP，才会赢得用户的追捧，从而获取大量利润。

主播同样也要学会高瞻远瞩，看准 IP 发展方向，拓宽发展空间，才能成为一个强 IP。

除此之外，伴随性也是一个 IP 不可或缺的特征。何谓伴随性？简单地说就是陪伴成长。例如，如果你面前有两个类型相同的动漫供你选择，你会选从小看到大的动漫还是长大以后才看的动漫？相信大多数人都会选择从小看到大的动漫，因为那是陪伴他一起成长的青春。

例如，日本动画片《哆啦 A 梦》已经诞生十几年，但相关的动画片还在重复播放，火热程度依然不减当年。所以，一个 IP 的伴随性也直接体现了其前景性。如果 IP 伴随着一代又一代的人成长，那么就会打破时间和空间的限制，制造出源源不断的商业价值。作为主播，当然也要懂得持久的重要性，这样才能成为具有商业价值和市场前景的 IP。

6．内涵属性

一个 IP 的属性除了体现外部的价值、前景等方面，还应注重其内在特有的情怀和内涵，而内涵则包括很多方面，如积极的人生意义、引发人们思考和追求的情怀以及植入深刻价值观的内涵等。

但 IP 最主要的目的还是营销，所以 IP 的内涵属性要与品牌自身的观念、价值相契合，才能吸引用户的眼球，将产品推销出去。

从 IP 营销可以看出，企业需要将自身的特质内涵与 IP 相结合，才能让 IP 营销显得更加融洽，让消费者自愿参与到营销之中，让企业的 IP 走上强大之路。主播也是一样，只有将自身的闪光点与个人品牌结合起来，才能成为一个强 IP。

除此之外，主播还可以对 IP 进行拓展，从而衍生出周边产品。当然，对 IP 进行拓展的关键就在于体现出更加丰富的内涵。

丰富 IP 内涵，需要主播将主要精力放在内容的创作上，而不是单纯地追求利益，急功近利是打造 IP 的大忌。只有用心创作内容，才会使得用户投入其中，从而彰显出 IP 的内在价值。

7．故事属性

故事属性是 IP 吸引用户关注度的关键属性，一个好的 IP，必定是有很强的故事性的。例如，著名的《西游记》为什么会成为一个大IP？其主要原因就在于它的故事性很强。《西游记》讲述了唐僧师徒4人历经九九八十一难去西天取得真经的故事，八十一难代表了81个和妖魔鬼怪斗智斗勇的精彩故事，所以西游记这个 IP 本身具有很强的故事属性。

图 9-16 所示为改编自《西游记》的国产 3D 动画电影《西游记之大圣归来》的电影宣传海报。

图 9-16

不仅如此，随着《西游记之大圣归来》的火热播出，一系列相关产品也相继推出，这个强 IP 的故事属性使得营销变得更加简单。如果我们仔细分析每一个强 IP，不难发现他们都有一个共同点——故事性强。正是这些 IP 背后的故事引起了用户和粉丝浓厚的兴趣。

自《致我们终将逝去的青春》开始，电影界就掀起了一阵"青春校园"的热潮。例如，《匆匆那年》《同桌的你》《左耳》《睡在我上铺的兄弟》等这些年大热的国产青春片触动了不少人的回忆与情怀，也吸引了大量的市场和资本。尽管人们对其内容褒贬不一，但这些电影还是在票房和影响力上取得了非凡的成绩，这其中的原因就在于这些青春题材的电影故事性强，正好与用户的口味相符。

根据某作家的小说《谁的青春不迷茫》改编而成的同名电影赢得了大众的喜爱，因为它保持了对原著的尊重，在挑选演员方面也没有依靠流量小生吸引观众，而是选择了实力演员，凭借故事和对青春的尊敬而赢得了 IP 的成功。

好的故事总是招人喜欢的，在 IP 的这种故事属性中，故事内容的丰富性是重中之重。对于主播来说，如果你有好的故事，就能为你吸引更多粉丝。

9.2.2 IP：增加个人品牌影响度

个人 IP 是当今互联网营销的一个重要手段和模式，它相当于个人品牌。为了更好地了解主播如何通过直播平台进行营销，笔者就来为大家讲解个人 IP 打造的 4 种方法。

1. 方法一：确定主播人设

确定自己的人设类型是否合适、恰当，关键需要考虑的就是是否满足了自身所面向的用户群体的需求，因为"人设"的出现在一定程度上就是为了满足大众的需求行为。

"人设"可以迎合受众的怡情心理，从而增强受众群体对其人设的认同感，这样才可以让用户愿意去了解、关注主播，所以在打造人设形象时，确定好人设的类型是关键。

现在市场上出现了各种各样的人设标签类型，一些经典的人设类型有女王、冷面、萌妹子、天然呆等。选择流行的人设风格是快速引起用户兴趣、刺激用户点击欲望的有效方式。

1）精准人设

一个优秀的主播一定是有其独特的人格魅力的，一个精准的人设可以最大化地拓展主播受众面，吸引更多目标粉丝，只要观众愿意了解，就会成为主播的粉丝或者潜在粉丝，从而实现主播自身影响力的最大化传播。

精准的人设指能让观众、粉丝凭借一个关键词就能想到某个具体的人物。所以，主播的人设一定要有记忆点，使人印象深刻，没有记忆点的人设不是精准的人设，更不能算成功的人设。

2）增设标签

一个人一旦有了影响力，就会被所关注的人在身上贴上一些标签，这些标签就可以组合成一个虚拟的"人"。当提到某个标签时就可能想起某人，但并非只是想到一个单纯的名字，还有其带给他人的印象，如严谨、活泼、可爱等标签。

图 9-17 所示为网友给某明星设置的标签。

图 9-17

2．方法二：形成个人特点

打造人物 IP 的本质就是形成个人的特点内容，因为吸引粉丝要靠内容，那些能够沉淀大量粉丝的人物 IP 在形成个人的特点时，运用了一定的方式与方法，下面笔者将进行具体分析。

1）社交媒体的打造

人物 IP 的兴起并不是偶然现象，而是社交网络媒体发展过程中的一种新产品，其中网红就是最直接的体现，网红也因此成为最大的受益者。

从目前来说，正是微博、微信等社交网络媒体平台的迭代催生了网红，同时刮起了 IP 营销热潮。那些被粉丝追逐的人物 IP 在社交网络媒体上都拥有良好的用户基础，所以才能取得好的成绩，尤其是一些热点 IP，更是成为内容营销的争抢目标。图 9-18 所示为社交网络媒体人物 IP 的主要特点。

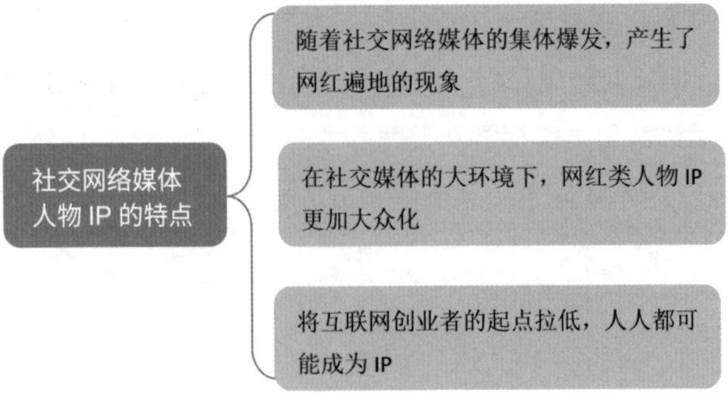

图 9-18

社交网络媒体的流行，尤其是移动社交平台的火爆，让很多能够创造优质内容的互联网创业者成为自媒体网红，这个趋势还将进一步延伸。

2）变现能力的提高

当然，要想获得真正的成功，一个重要的考量就是变现，即使你具备再强的实力，但无法从中获益，那么你的价值就没有得到真正的体现。

如今，人物 IP 的变现方式已经越来越多，如广告、游戏、影视、直播、社群、网店、卖会员以及粉丝打赏等。人物 IP 只有具备较强的商业变现能力，才能获得真正的粉丝经济的红利。

3）学习和经验积累

作为人物 IP 形成的重要条件，创造内容如今也出现年轻化、个性化等趋势。要创作出与众不同的内容，虽然不要求你有多高的学历，但至少要能展现有价值的内容。从某种方面来看，知识的丰富程度决定了你的内容创作水平。

4）产业活动的衍生

在进行内容传播时，主播切不可只依赖单一的平台，在互联网中讲究的是"泛娱乐"战略，主播或企业可以围绕 IP，将内容向游戏、文学、音乐、影视等互联网产业延伸，用 IP 来连接和聚合粉丝情感。

5）核心价值观明确

要想成为超级 IP，首先你需要一个明确的核心价值观，即平常所说的产品定位，也就是你能为用户带来什么价值。企业在打造 IP 的过程中，当价值观明确以后，才能轻松地做出决定，对内容和产品进行定位，才能突出自身独特的魅力，从而快速吸引用户的关注。

6）人格化魅力培养

在打造人物 IP 的过程中，主播需要培养自身的正能量和亲和力，可以将一些正面、时尚的内容以比较温暖的形式第一时间传递给粉丝，建立粉丝的信任感，在他们心中产生一种具备人格化的偶像气质。笔者认为，在过分追求颜值的年代，想达到气质偶像的级别，首先还是要培养人格化的魅力。

俗话说"小胜在于技巧，中胜在于实力，大胜在于人格"，这句话应用在互联网中同样有分量，那些超级 IP 之所以能受到别人的欢迎和喜爱，就是因为他们具备了一定的人格魅力。

3．方法三：包装个人品牌

如今，直播已是非常普及和大众化，在主播类人物 IP 形成过程中也具有一套完善的输出产业链，可以帮助主播更好地打造属于个人的品牌。

1）自身才艺吸引

要想成为直播主播，首先你需要有一技之长，这样才能吸引网友关注。当然，主播除了自己拥有才艺内容，还需要直播平台的扶持，才能完成从网红到网红经济的跨越，实现其名利双收的 IP 价值。

同时，平台也在相互渗透，这种改变使主播实现了引流和内容发布等供应链的集中，进一步缩短了粉丝变现的途径。如今，直播已经成为一个社交平台中的互联网流量中心，主播强大的粉丝黏性将为这些供应链平台带来更多的价值。

2）平台与工会扶持

大部分的主播都会有一个所属公会，而且这些公会通常会收取主播收入一定比例的抽成。公会在直播行业的供应链中占据很重要的地位，不但控制了下游的主播，而且拥有强大的营销、市场、传播、技术等能力。

尤其在以主播为内容本身的秀场直播中，公会对于平台的价值非常大，因为其管理着大批的优质主播，不断向平台输送内容。其实，公会本质上就是一个小型的经纪公司，并且构建了主播的三级经济链条。对于那些拥有好的内容，而且播出时间比较稳定的主播，公会会进行推荐，从而将普通的主播炒红。

3）平台与平台合作

好的直播平台可以快速吸引主播入驻，而且这些主播也能为平台带来更多的用户和收入。各种直播平台的出现也让 IP 争夺越来越激烈，而且很多平台开始借势于电视剧、电影、综艺等热门 IP，帮助平台吸引更多新用户。

同时，在各种直播平台上，用户不但可以看到熟悉的网红主播，而且能看到很多明星艺人的直播。这些影视综艺 IP 与直播平台的合作，对于双方来说是一件互惠互利的事情。

对于直播平台来说，主播、明星以及企业等都拥有自身的定位和功能，他们自上而下与平台的互相结合，可以形成一条完整的产业链结构，并逐渐形成一种新的商业模式。

4．方法四：挖掘网红经济

网络红人强大的影响力、号召力使网红成为一种新的经济模式，在各种内容形式的网红带动下，IP 逐渐摆脱了文娱产业的束缚，例如，钟表老师傅王津就是因某专业的古董修复技术而成为网络红人的。由此可见，在网红的带动下，IP 开始向整个经济市场迈进。

接下来，笔者将介绍网红经济挖掘 IP 的取胜之道，具体内容如下。

1）数据分析预测

首先，主播如果想要吸引用户关注，就需要具备一定的大数据分析能力。主播进行直播和积攒人气的过程中需要数据作为支撑，也需要运用大数据来分析直播内容、粉丝等数据，实现更精准的内容营销。

有的网站会为主播提供各方面的数据，如飞瓜数据平台，如图 9-19 所示，主播需要关注这些数据，为设计更好的直播内容提供依据和参照。

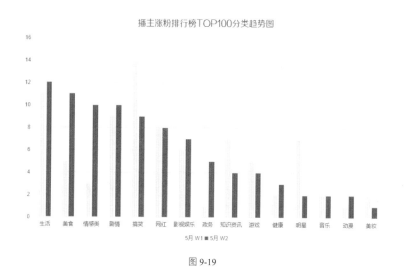

图 9-19

2）平台运营维护

社交平台是在互联网中获得粉丝的关键阵地，对于主播来说，还需要掌握社交平台的运营维护能力。只有运营好微信、微博、QQ 等社交平台，才能将粉丝的力量转化为收益。主播可以在社交平台上与粉丝进行沟通和交流，并通过发布他们感兴趣的内容来吸引他们，即可从中获得巨大利益。

9.3　提升各项能力

对于新人主播来讲，从各个方面提升自身的基本能力是打好直播基础的重要前提。本节主要介绍主播需要提升的 9 项能力，帮助新人主播完成"脱胎换骨"的转变。

9.3.1 数据分析能力

数据分析能力是主播必备的基本能力之一。那么，直播的数据分析包括哪几个维度呢？笔者总结了以下几项，如图 9-20 所示。

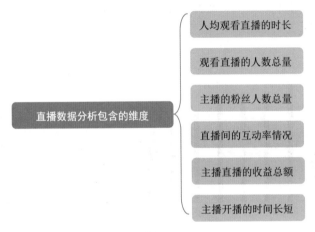

图 9-20

众所周知，我们进行数据分析时必须借助一些数据统计平台或者数据分析工具，借助这些平台和工具，我们不仅可以清楚自身的账号运营情况，还能对比和了解其他主播的账号数据。因此，笔者在此就给大家推荐一个直播数据的分析平台和工具——新榜。

新榜是一个专业的自媒体平台、短视频平台和直播平台数据的采集、分析的网站，它不仅提供数据分析、营销方案、运营策略和账号交易等服务，还针对不同平台推出了对应的数据分析工具，方便主播更快、更精准地了解自己平台的数据排行。例如，新榜针对抖音平台推出了新抖这个数据分析工具，主播在这里可以查看平台主播的带货数据，图 9-21 所示为直播销售额的日排行榜。

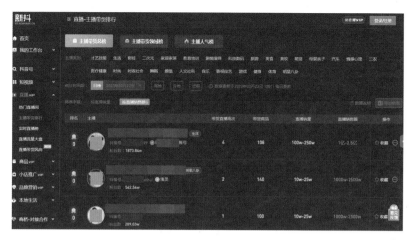

图 9-21

9.3.2　掌握运营能力

既然入驻了直播平台，成为一名主播，就必须掌握直播的平台运营能力。那么直播平台运营的主要内容有哪些呢？具体内容如图 9-22 所示。

直播平台的运营内容
主播要及时解决直播过程中所发现的问题
主播要对自身的日常状态及时进行调整
做好直播全过程的准备工作，应对各种突发情况
熟悉产业链，了解平台现状和行业的最新动态
建立直播团队，更高效地运营直播和管理粉丝

图 9-22

对于新人主播来说，笔者建议先把一个直播平台运营好后再去考虑其他平台，最好不要同时签约两个直播平台，否则可能要支付巨额的违约金。

9.3.3　供应支持能力

所谓供应支持能力，指的是主播直播带货背后的产品供应链，产品的供应链主要是针对电商直播这一类型来说的。像那些顶级流量的带货主播，他们之所以能取得如此惊人的产品销售业绩，其关键因素在于拥有完整且成熟的产品供应链和专业的直播运营团队。

那么，主播应该如何建立稳定的产品供应链呢？笔者根据自己的经验，给直播带货的主播提供以下几条建议，如图 9-23 所示。

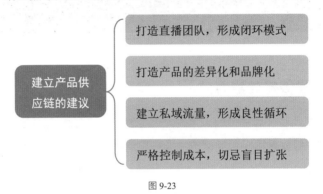

图 9-23

对于电商主播而言，要么自己寻找拥有货源的产品供应链厂家进行合作，要么自己本身就是电商商家，能独立生产产品。不管是哪种情况，主播在选择商品时一定要注意价格和品质这两个方面，只有产品价格足够低、质量足够好，才能引起消费者的购买欲望。另外，主播选择的产品一定要符合绝大多数人的需求。

9.3.4　粉丝运营能力

对于主播来说，直播最重要的就是粉丝，只有粉丝数量不断增加，和粉丝之间的情感关系越来越好，才能实现变现，为主播带来收益。所以主播要学会系统地运营和管理自己的粉丝，以便实现效益最大化。

那么，主播应该如何有效地进行粉丝运营，维护和粉丝之间的关系，增强粉丝对主播的凝聚力和忠诚度呢？关于直播粉丝运营的方法和技巧主要有 3 个方面，具体内容如下。

1．满足粉丝的心理需求

大多数人都有自己喜欢的明星或偶像，也曾经有过追星的经历，特别是如果得到了和自己偶像互动的机会或者其个性签名，往往都会欣喜若狂，从而使自己的内心得到极大的满足。

之所以会有这种现象，是因为粉丝对偶像的崇拜会让其产生一种优越感，这对于主播和粉丝之间的关系也是如此。所以，主播要想办法满足粉丝的这种心理需求，这样能进一步加深粉丝对主播的喜爱程度，从而达到粉丝运营的目的。

2．建立粉丝群

要想更好地管理和维护粉丝，最直接、最有效的方法就是建立粉丝 QQ 群或微信群，同时设置几名管理员或者助理帮助主播运营粉丝群。主播可以定期到粉丝群和群成员交流互动，还可以举办群活动，调动粉丝的参与度和活跃性，增进彼此之间的情感和信任。

另外，主播在直播的时候可以将自己的粉丝群号码留在直播公屏上，以便不断地将新的粉丝引流至粉丝群，搭建自己的私域流量池。

3．举办粉丝线下见面会

举办粉丝线下见面会能满足粉丝和主播近距离接触的愿望，有利于主播更直接地了解粉丝的需求，进一步加深彼此之间的联系，凸显主播平易近人的同时，还能增强粉丝黏性和对主播的凝聚力。但是，出于对双方的安全考虑，主播尽量不要与某个粉丝单独约在线下见面。

9.3.5 内容创作能力

直播内容的创作是每个主播所必须具备的能力，提升主播的内容创作能力也是做好直播的关键。毕竟，在这个流量巨大的互联网时代，内容为王，只有能为观众提供优质内容的主播，才能抢占更多的流量份额，从而获得更多的流量变现收益，将自己的直播事业发展壮大。

主播要想提升内容创作的能力，就必须在平常生活中多积累直播素材，努力学习各种专业知识和技能，不断充实自己，开阔自己的视野，这样主播在策划直播内容时才会有源源不断的创作灵感，也才能持续地输出优质的直播内容。

主播要想把自己的直播事业做得更长久，就不能原地踏步、故步自封，而是要不断地推陈出新，生产出有创意的内容，让观众看到你的能力和努力。

9.3.6　表达沟通能力

主播在与粉丝互动的过程中一定要注意自己的一言一行，这是由于作为一个公众人物，主播的言行举止会对观众和粉丝产生巨大的影响，尤其是那种顶级流量的网红主播。此外，主播还要避免一些可能会对用户造成心理伤害的玩笑。

主播在与粉丝沟通交流时要考虑以下 3 个问题，如图 9-24 所示。

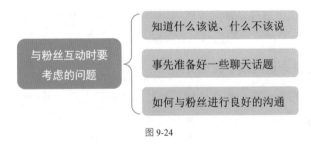

图 9-24

注意说话的时机是反映一个人良好的语言沟通能力的重要表现，因此主播在说话之前必须把握好用户的心理状态，考虑对方的感受。

例如，在现实生活当中，当你向某人提出意见或请求时，如果他当时正在气头上，那么你说什么他都听不进去；如果你选择在他遇到好事而高兴的时候提出，他可能就会欣然接受，马上答应你的请求。

由此可见，同一个话题，在不同的说话时机和听话人不同的心理状态下，会产生两种不同的结果。

总而言之，只有选对说话的时机，才能让用户接受主播的意见，这样双方的交流互动才有效果。

除了要把握说话的时机，学会倾听也是主播在和粉丝沟通交流中必须要养成的习惯。懂得倾听别人说话是尊重他人的表现，这样做能使主播快速获得用户的好感，同时在倾听的过程中也可以了解用户的需求，可谓一举两得。

在主播与粉丝的互动过程中，虽然表面上看好像是主播在主导话题，但实际上是以粉丝的需求为主。主播想要了解粉丝的需求和痛点，就一定要认真地倾听他们的诉求和反馈。

主播在和用户沟通交流时，姿态要谦和，态度要友好。聊天不是辩论比赛，尽管每个人的观点主张都不一样，但没有必要分出对错输赢。主播要明白，人与人之间交往最重要的是彼此尊重、互相理解，有时候争出个输赢的观点并没有用。

主播在与用户交流沟通的时候，应该做到以下 3 个方面，如图 9-25 所示。

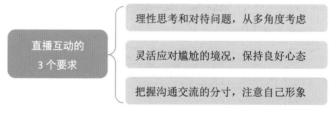

图 9-25

在主播直播互动的过程中，有时候会遇到这样的用户群体：他们敏感、脆弱，容易发脾气，容不得别人说他的不是，否则就会觉得自己的尊严受到了侵犯，拥有典型的"玻璃心"，也就是我们常说的自卑心理。

对于这一类用户，笔者根据自身的经验和经历给主播的建议是尽量不要去触碰他们的敏感神经，不予理睬就好。因为这类人的典型特征就是完全以自我为中心，听不进其他意见，也不会顾及他人感受。如果他们无理取闹，扰乱直播间的正常秩序，必要时可以直接踢除。

9.3.7　随机应变能力

随机应变是一名优秀的主播所要具备的能力，因为直播是一种互动性很强的娱乐活动，粉丝会向主播提出各种各样的问题，对于这些问题，主播要在脑海中快速找到应对的答案。

如果粉丝问的是关于主播年龄、真实姓名和兴趣爱好等隐私类的问题，那么主播可以根据自己的意愿，有选择性地进行回答；如果问的是关于知识专业类的问题，主播知道的就予以回答，不知道的完全可以大方地表明自己对这个问题不是很了解，千万不要不懂装懂，这样不仅会误导粉丝，还会有损主播在粉丝心中的形象。大方地承认自己的知识盲区，不仅不会影响粉丝对主播的看法，反而会让他们觉得主播很诚实。

当然，学会随机应变的前提是主播在直播前就要做好充分的准备。例如，那些进行专业课程教学的直播，主播在直播前就要把相关的知识点全部梳理一遍。

如果直播时要制作案例，主播还需要在直播前实际演练一遍，既能避免在直播时出错，又能对制作过程中用户可能会提出的问题提前进行总结和准备，以便在直播过程中更好地进行答疑解惑，如图 9-26 所示。

图 9-26

再如进行户外旅行的直播，主播不一定要有导游一样的专业能力，对任何问题都能对答如流，但要在直播之前了解旅游地点的相关情况。图 9-27 所示为旅游直播的相关画面。

图 9-27

主播在回答粉丝提问的过程中，如果涉及当下社会热点事件的话题，就一定要谨言慎行，充分思考之后再回答，如果是正面积极的事件，那就予以肯定和提倡。

因为每个人的思想价值观、对事物的看法和主张都不一样，主播无法保证自己的观点一定是客观正确的，若误导舆论方向，会对社会造成一定的影响。总之，主播身为公众人物，一定要对自己的言行负责，谨防影响力失控。

9.3.8　心理承受能力

在直播的过程中，主播难免会遇到各种突发状况，此时就非常考验主播的应变能力和心理素质。一般在直播中遇到的突发状况主要有两种：一种是客观发生的；另外一种是主观人为的。接下来笔者就这两种情况通过案例来具体分析。

1. 直播突然中断

主播是通过互联网与用户建立联系的，而要想直播就必须搭建好网络环境。有时候一些不可抗拒的客观因素会导致直播无法正常继续下去，如网络波动、突然停电而断网等。

面对这种情况，主播不要惊慌失措，应该马上用手机重新连接直播，或者在粉丝群告知用户直播中断的原因，向他们真诚地道歉，并给予一定的补偿。粉丝得知缘由就会体谅主播，不会因为这次的小意外而不愉快。

2. 突发事件处理

客观的突发情况一般来说发生的概率比较小，更多的还是人为导致的突发情况，例如一些讨厌主播的人或恶意竞争的同行，为了干扰主播的正常直播，故意在直播间和主播唱反调，破坏直播间的秩序，影响主播的直播节奏，从而影响直播的效果。

这类现象在各个行业都存在，主播需要做的就是一旦在直播间出现这样故意捣乱的人，要迅速做出反应，先好言相劝，如果他不听再将其踢出直播间。面对人为的突发情况，主播要具备良好的心理素质，从容不迫地应对和处理，这样才能使直播继续进行下去，而不会影响直播的整体效果。

例如，在某演讲大会上，某演讲人正在兴致勃勃地给观众演讲，突然一位手拿矿泉水的观众走上台，把整瓶矿泉水直接从演讲人的头上倒下，导致演讲人非常狼狈。

但是最让人佩服的是，该演讲者在面对这种尴尬的突发情况时淡定自若，反应过来之后整理了一下发型，擦掉脸上的水，对泼水的那位观众心平气和地说了一句："你有什么问题？"随后迅速调整状态，继续演讲，他的这种表现获得了在场所有人的称赞和掌声。当然，那位肇事者也马上被安保人员控制。

主播应该多多向案例中的这位演讲者学习，锻炼自己面对突发情况时这种稳如泰山、强大的心理素质，这样才能把直播做得更好。

9.3.9 调节气氛能力

由于直播的时间一般比较长，所以在直播的过程中不可避免地会出现偶尔冷场的情况，这是因为不管是主播还是观众，都无法一直保持高昂的情绪和高度集中的注意力，时间一久难免会产生疲惫的感觉。而此时就需要主播想办法调节直播间的气氛，调动用户的兴趣和积极性。

那么，主播应该如何调节直播间的气氛，避免冷场呢？可以从以下几个方面入手，如图 9-28 所示。

图 9-28

9.4 提高直播的变现能力

直播是有一定方法和技巧的，如果我们能够掌握这些方法和技巧，就能有效提高自身的直播变现能力。具体来说，主播可以重点从 4 个方面进行考虑，快速提高自身直播变现能力。

9.4.1 直播卖货的原则

在直播卖货时，主播需要遵循一定的原则，具体如下。

（1）热情主动。同样的商品，为什么有的主播卖不出去几单，有的主播简单几句话就能获得大量订单？当然，这可能与主播自身的流量有一定的关系，但即便是流量差不多的主播，同样的商品销量也可能会出现较大的差距。这很可能与主播的态度有一定的关系。

如果主播热情主动地与用户沟通，让用户觉得像朋友一样亲切，那么用户自然会愿意为主播买单；反之，如果主播对用户爱答不理，让用户觉得自己被忽视了，那么用户连直播都不太想看，也就更不用说去购买直播中的产品了。

（2）定时定点。俗话说得好："习惯成自然。"如果主播能够定时定点直播，那么忠实的用户便会养成定期观看的习惯。这样，主播将获得越来越多的忠实用户，而用户贡献的购买力自然也会变得越来越强。

（3）为用户谋利。每个人都会考虑到自身的利益，用户也是如此。如果主播能够为用户谋利，那么用户就会支持你，为你贡献购买力。

例如，李佳琦曾经因为某品牌给他的产品价格不是最低，让粉丝买贵了，于是就向粉丝道歉，并让粉丝退货。此后，更主动停止了与该品牌的合作。虽然李佳琦此举让自己蒙受了一定的损失，但是让粉丝看到了他在为粉丝谋利，于是，他之后的直播获得了更多粉丝的支持。

当然，为用户谋利并不是一味地损失主播自身的利益，而是在不过分损失自身利益的情况下，让用户以更加优惠的价格购买产品，让用户看到你也在为他们考虑。

9.4.2　直播卖货的技巧

直播卖货不只是将产品挂上链接，并将产品展示给用户，而是通过一定的技巧，提高用户的购买欲望。那么，直播卖货有哪些技巧呢？主播可以从以下 3 个方面进行考虑。

（1）不要太贪心。虽然产品的销量和礼物的数量与主播的收入直接相关，但是主播也不能太过贪心，不能为了多赚一点钱就把用户当作韭菜割。毕竟谁都不傻，当你把用户当韭菜时，也就意味着你会损失一批忠实的粉丝。

（2）积极与用户互动。无论是买东西还是刷礼物，用户都有自己的考虑，如果主播达不到他们的心理预期，用户很可能也不会为你买单。那么，如何才能够达到用户的心理预期呢？其中一种比较有效的方法就是通过与用户的互动，一步步地进行引导。

（3）亲身说法。对于自己销售的产品，主播最好在直播过程中将使用的过程展示给用户，并将使用过程中的良好感受分享给用户。这样，用户在看直播的过程中，会对主播多一分信任感，也会更愿意购买主播推荐的产品。

9.4.3　做好必要的准备

一场直播卖货之所以能够获得成功，一定是与前期的准备工作有很大关系的。在直播之前，主播必须做好 4 个方面的准备工作，具体如下。

（1）了解直播的内容。在直播之前，主播一定要对直播的内容及相关的注意事项烂熟于心，特别是对于一些不太了解的内容。不然，很可能会被用户问得哑口无言，直接影响直播的效果。

（2）物料的准备。在直播之前，主播需要根据直播的内容进行物料检查，看看产品的相关样品是否到位。如果缺少东西，则及时告知相关的工作人员。不要等到要用时才发现东西没有到位。

（3）熟悉产品卖点。每款产品都有它的卖点，主播需要充分了解产品的卖点。产品的卖点是打动用户的重要砝码，只有你宣传的卖点是用户需要的，用户才会更愿意购买你的产品。对此，主播也可以在直播之前先试用一下产品，并据此提炼出一些能打动产品的卖点。

（4）做好直播预热。在正式开始直播之前，主播需要先做一个短期的预热。在此过程中，主播需要通过简短的话语勾起用户看直播的兴趣。有必要的，可以根据直播内容制造一些神秘感。

9.4.4　提升排行的技巧

抖音直播会根据直播每小时的抖币（此处抖币就是抖音粉丝刷的礼物在抖音直播中的价值）排一个小时榜。用户只要进入直播间，就可以看到该直播的小时榜排名，点击当前直播间的小时榜排名，还可查看整个抖音直播小时榜的排名情况，如图9-29所示。

许多用户都会选择排名相对靠前的直播进行查看，因此，小时榜排名靠前的直播通常可以获得更多用户的关注。

图 9-29

那么，如何提升直播的排名呢？其中一种比较有效的方法就是与他人进行PK（play killing，玩家对决）。在用户特别是忠实的用户看来，PK获胜就是一种实力的显示，既然支持主播，就要让主播PK获胜，如图9-30所示，可以看到短短几分钟内，这两个主播的直播间就有许多人在刷礼物了。

图 9-30

主播也要注意使用PK的次数，随着PK次数的增加，用户刷礼物的热情也将随之减退。毕竟礼物都是要花钱买的，一直与他人进行PK也会让用户觉得主播的目的性太强。

第10章
直播卖货：
提升门店的变现
水平

直播卖货的关键环节就是
使产品进行变现，若想利用直播
间提升线下门店的变现水平，最
重要的就是引导用户下单，提高
直播间的购买率。本章笔者将为
大家介绍卖货基本技巧、引导客
户下单的购物路径以及直播转化
技巧。

10.1 掌握卖货基本技巧

大多数主播做抖音直播的主要目的就是通过卖货来获得收益。那么，要如何提高目标用户的购买欲，增加直播间的销量和销售额呢？这一节，笔者就为大家介绍直播卖货的基本技巧。

10.1.1 挖掘商品卖点

商品卖点可以理解成商品的优势、优点或特点，也可以理解为自家商品和别家商品的不同之处。怎样让用户选择你的商品？和别家的商品相比，你家商品的竞争力和优势在哪里？这些都是主播直播卖货过程中要重点考虑的问题。

在观看直播的过程中，用户或多或少会关注商品的某几个点，并在心理上认同该商品的价值。在这个可以达成交易的时机上，促使用户产生购买行为的就是商品的核心卖点。找到商品的卖点，便可以让用户更好地接受商品，并且认可商品的价值和效用，从而达到提高商品销量的目的。

因此，对于主播来说，找到商品的卖点，不断地进行强化和推广，通过快捷、高效的方式，将找出的卖点传递给目标用户是非常重要的。

主播在直播间销售商品时，要想让自己销售的商品有不错的成交率，就需要满足目标用户的需求点，而满足目标用户的需求点是需要通过挖掘卖点来实现的。

但是，如果满足目标用户需求的商品在与其他商品的对比中体现不出优势，那么商品卖点也就不能称之为卖点了。要想使商品的价值更好地呈现出来，主播需要学会从不同的角度来挖掘商品的卖点。下面，笔者就为大家介绍一些挖掘商品卖点的方法。

1. 结合当今流行趋势

流行趋势就代表着有一群人在追随这种趋势。主播在挖掘商品的卖点时，可以结合当前流行趋势来找到商品的卖点，这一直是各个商家惯用的营销手法。

例如，当市面上大规模流行莫兰迪色系的时候，在商品的介绍宣传上就可以通过"莫兰迪色系"这个标签吸引用户的关注；当夏天快要来临，女性想展现自己性感身材的时候，销售连衣裙的主播就可以将"穿上之后更性感"作为卖点。

2．以商品质量为卖点

商品质量是用户购买商品时的一个关注重点。大部分人购买商品时，都会将商品的质量作为重要的参考要素。所以，主播在直播卖货时，可以重点从商品的质量方面挖掘卖点。例如，主播在挖掘商品的卖点时，可以将商家标明的质量卖点作为直播的重点内容，向用户进行详细说明。

3．借助名人效应

大众对于名人的一举一动都非常关注，他们希望可以靠近名人的生活，得到心理上的满足。此时，名人同款就成为商品的一个宣传卖点。

名人效应早已在生活中的各方面产生了一定的影响，例如，选用明星代言广告，可以刺激用户消费；明星参与公益活动项目，可以带领更多的人去了解、参与公益。名人效应就是一种品牌效应，它可以起到获取更多人关注的作用。

10.1.2　打造产品口碑

在用户消费行为日益理性化的情况下，口碑的建立和积累可以给短视频和直播卖货带来更好的效果。打造口碑的目的就是为品牌树立一个良好的正面形象，并且口碑的力量会在传播的过程中不断加强，从而为品牌带来更多的用户流量，这也是商家都希望用户能给好评的原因。

优质的商品和售后服务都是口碑营销的关键，处理不好售后问题会让用户对商品的看法大打折扣，并且降低商品的复购率，而优质的售后服务则能让商品和店铺获得更好的口碑。

口碑体现的是品牌和店铺的整体形象，这个形象的好坏主要体现在用户对商品的体验感上，所以口碑营销的重点还是不断提高用户体验感。具体来说，用户的体验感可以从 3 个方面进行改善，如图 10-1 所示。

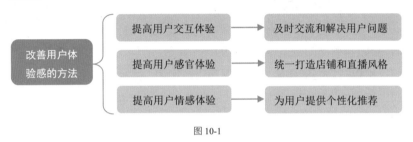

图 10-1

10.1.3 进行同类比较

用户在购买商品时都喜欢"货比三家"，然后选择性价比更高的商品。但是很多时候，用户会因为不够专业而无法辨认商品的优劣。此时，主播在直播中则需要通过与竞品进行对比，以专业的角度，向用户展示差异化，以增强商品的说服力以及优势。

对比差价是直播过程中一种高效的卖货方法，可以带动气氛，激发用户购买的欲望。相同的质量，价格却更为优惠，那么直播间的商品会更容易受到用户的欢迎。常见的差价对比方式就是将某类商品的直播间价格与其他销售渠道中的价格进行对比，让用户直观地看到直播间商品的价格优势。

例如，某短视频直播间中销售的煲汤砂锅的常规价为 9.9 元，券后价只要 7.9 元。此时，主播便可以在电商平台上搜索煲汤砂锅并展示其价格，让用户看到自己销售的商品的价格优势。

通过对比让用户看到，该抖音直播间销售的煲汤砂锅在价格上有明显的优势。在这种情况下，观看直播的用户就会觉得该直播间销售的煲汤砂锅，甚至是其他商品都是物超所值的。这样一来，该直播间的销量便会得到明显提高了。

10.1.4　增值直播内容

主播在直播时要让用户心甘情愿地购买商品，其中一种比较有效的方法是为用户提供增值内容。这样一来，用户不仅获得了商品，还收获了与商品相关的知识或者技能，自然是一举两得，购买商品也会毫不犹豫。

那么，增值内容主要体现在哪些方面呢？笔者将其大致分为 3 点，即陪伴、共享以及学到东西。

典型的增值内容就是让用户从直播中获得知识和技能。例如，很多抖音直播在这方面就做得很好，一些利用直播进行销售的商家纷纷推出商品的相关教程，给用户带来更多软需的商品增值内容。

例如，某销售手工商品的抖音直播间中，经常会向用户展示手工品的制作过程，如图 10-2 所示。该直播不仅能让用户看到手工品的制作过程，还会教用户一些制作的技巧。

在主播制作商品的同时，用户还可

图 10-2

以通过弹幕向其咨询制作商品的相关问题，主播通常也会耐心地为用户进行解答。用户不仅通过抖音直播了解了商品的相关信息，还学到了商品制作的窍门，对手工品的制作也有了更多了解。这样一来，直播间商品的销量自然也就大幅度提高了。

10.1.5　严选直播导购

商品不同，推销方式也有所不同，在对专业性较强的商品进行直播卖货时，具有专业知识的内行更容易说服用户。例如，观看汽车销售类抖音直播的多为男性用户，并且这些用户喜欢观看驾驶实况，他们大多是为了了解汽车资讯以及买车才看直播的，所以如果挑选有专业知识的导购，会更受用户的青睐。

在汽车直播中，用户更为关心的还是汽车的性能、配置以及价格，所以更需要专业型的导购进行实时讲解。

例如，大多数汽车销售类抖音直播中的主播本身就是对汽车的各项信息都比较了解的汽车销售，所以其直播时的讲解比较专业。也正因为如此，许多对汽车比较感兴趣的用户看到该直播之后快速被吸引住了。

10.1.6　通过预告造势

确定了直播时间和内容之后，运营者可以先发布直播预告，吸引对该直播感兴趣的人群，增加直播获得的自然流量，从而有效地提高直播商品的转化率。例如，在正式进行直播之前，主播可以先通过发布短视频进行直播预告，如图 10-3 所示。

图 10-3

这样，用户在看到短视频之后，便会获悉你的直播时间和内容等相关信息，而且如果用户对直播内容感兴趣，还会及时查看你的直播。

10.1.7　增加用户满意度

直播带货中产品的好坏会影响用户的体验感，所以我们可以从以下几点来选择带货的产品，从而增加用户对产品的满意度。

1. 选择高质量的产品

直播带货中不能有假货、三无伪劣产品等，销售这些产品属于欺骗用户的行为，被曝光后会受到严厉惩罚，主播一定要本着对用户负责的原则进行直播。

用户在主播的直播间进行下单，必然是信任主播，销售伪劣产品对主播本人的形象是很不利的，而选择优质的产品则既能增加用户的信任感，又能提高产品的复购率。那么，如何选择高质量的产品呢？运营者和主播需要重点做好两方面的工作，如图 10-4 所示。

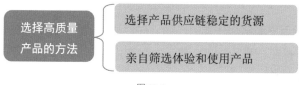

图 10-4

2. 选择与主播人设相匹配的产品

网红或者明星进行短视频和直播带货时，可以选择符合自身人设的产品。例如，作为一个美食博主，你可以选择零食、茶饮等产品进行带货；作为一个健身博主，你可以选择运动服饰、健身器材等产品进行带货；作为一个美妆博主，你可以选择化妆品、护肤品等进行带货。

3. 选择一组可配套使用的产品

用户在进行产品购买时，通常会对同类产品进行对比，如果单纯利用降价或者低价的方式，可能会造成用户对产品产生质量担忧。

但是利用产品配套购买优惠或者送赠品的方式，既不会让用户对产品的品质产生怀疑，还能让用户产生产品与同类产品相比更为划算的想法，让用户觉得买到就是赚到。

在服装类直播带货中，可以选择一组已搭配好的服装进行组合销售，既可以让用户在观看时因为觉得搭配好看而下单，还能让用户省去搭配的烦恼，对于不会进行搭配的用户来说，这是一种省时又省心的做法。

4. 选择一组产品进行故事创作

运营者和主播在筛选产品的同时可以利用产品进行创意构思，加上场景化的故事，创作出有趣的直播带货内容，让用户在观看直播时对产品产生好奇心，并进行购买。故事的创作可以是某一类产品的巧妙利用，介绍这个产品异于同类产品的功效；也可以是产品与产品之间的妙用，讲解产品与产品之间的主题故事等。

10.1.8　体现产品质量

想要用户能够信任你的产品，在直播间下单，最重要的是诚意，要体现出你所销售的产品质量，这样客户才会买单，从而提高卖货的销量。

1. 展现生产场景

因为在直播间购买商品属于网购的一种，而许多人又有过不太好的网购体验，因此许多用户在抖音上购买商品时会有一些疑虑。如果是价格比较低的产品，可能用户还会抱着试一试的心态下单购买，但是，如果产品的价格比较高，那么用户就会比较慎重了。

面对这种情况，抖音账号运营者可以通过展现生产场景的方式，让用户觉得产品物有所值，并放心购买短视频中的产品。

图 10-5 所示为手工毛线鞋的直播间，其售卖价格是比较高的，一般人看到价格之后可能会望而却步。于是，该视频直接将鞋子的生产

过程展现出来，让用户明白视频中的毛线鞋都是手工一针一针地织出来的，毛线鞋的质量是有保障的，同时表明毛线鞋是值这个价格的。

图 10-5

2．原产地采摘产品

用户购买产品的关注点会因为产品的种类不同而出现一定的差异。对于一般的产品，大多数用户可能会比较关注价格；对于一些使用频繁的产品，用户可能会比较关注产品的耐用程度；而对于一些生鲜类产品，用户可能会比较关注产品的新鲜程度。

那么，如何告诉用户你销售的产品是非常新鲜的呢？其中一种比较有效的方法就是用短视频呈现产品的原产地，甚至直接呈现在原产地采摘产品的场景。这样用户看到之后就会觉得你的产品是在原产地采摘之后直接发货的。

如图 10-6 所示，博主为了让用户看到自己所销售的芒果是在海南现摘的，直接在芒果树下开启了直播，并展示了芒果从树上采摘下来的过程。

图 10-6

　　用户在看到这个视频之后，就会觉得这家的芒果不仅是原产地直接采摘，而且产量大，为了保证口碑，产品的质量应该不会差。这样一来，用户自然会更愿意购买这家的芒果了。

10.2　掌握用户购物路径

　　用户从查看直播间内容到完成购物是有一定路径的，运营者和商家要想提高销量，就要掌握直播间用户的购物路径，一步步引导用户完成购物，甚至是让用户进行重复购买。

10.2.1　提高直播间的点击率

　　增加直播间曝光和内容吸引力的方法有很多，这里笔者重点为大家讲解两种方法：一种是对直播间进行定位，让同城用户可以看到你的直播；另一种是编写对用户有吸引力的直播标题。

　　运营者只需在"开直播"界面设置信息时显示自身定位，那么开启直播之后，同城板块中便会出现直播入口。具体来说，用户可以通过如下步骤找到直播入口。

Step 01 打开抖音App，在同城选项卡中点击"长沙"按钮，如图 10-7 所示。

Step 02 执行操作后，会弹出相应的面板，点击"直播"按钮，如图 10-8 所示。

图 10-7

图 10-8

Step 03 执行操作后，进入直播界面，如图 10-9 所示。

Step 04 向下划动屏幕，会显示"点击进入直播间"按钮，如图 10-10 所示，点击该按钮，即可进入直播间。

图 10-9

图 10-10

而编写直播标题时，则可以通过增加与低价和福利相关的字眼来吸引用户点击查看直播内容。图 10-11 所示为两个直播的标题，可以看到这两个标题中便增加了"彻底清"和"破价"等对用户比较有吸引力的字眼。

图 10-11

10.2.2　优化用户的停留与互动

用户点击进入直播间之后，如果觉得内容没有吸引力，可能就会选择离开。因此，运营者和商家要想提升销量，就需要优化用户停留与互动，通过增加与用户的接触时间来增加用户的下单概率，其中比较常见的方法有以下 4 种。

（1）发放倒计时红包，等倒计时结束之后，用户才可以领取。图 10-12 所示为 OPPO 的官方直播间，可以看到该直播间中便给用户发放了一个倒计时红包。

图 10-12

（2）根据直播间的在线人数来做活动，如当在线人数达到 1000 的倍数时进行秒杀活动。

（3）根据直播间的点赞量和关注量为用户提供福利，如当直播间点赞量达到 100 万次时进行一波抽奖。

（4）要求用户进行评论，并给参与评论的用户免费赠送物品，如通过"福袋"功能进行评论抽奖。图 10-13 所示为某个服装直播间，可以看到该直播间便是通过"超级福袋"功能来引导用户评论的。而且因为要等到倒计时结束之后才能开奖，所以大多数用户都会坚持到倒计时结束后才离开。

图 10-13

10.2.3　增加直播商品的点击率

除了让用户停留在直播间，运营者和商家还要想办法增加商品的点击率，并引导用户下单。那么，如何增加直播商品的点击率呢？笔者认为，比较关键的一点在于增加直播商品的曝光率，让用户看到商品之后愿意查看商品详情。

对此，运营者和商家可以在直播中对商品进行详细展示，重点介绍其优势，增加用户对商品的了解，如图 10-14 所示。

图 10-14

当直播中正在讲解某个商品时，用户可以点击 按钮，进入直播商品界面，点击该界面中的"看讲解"按钮，如图 10-15 所示。随后就会进入所想看商品的"讲解回放"界面，如图 10-16 所示。

图 10-15　　　　　图 10-16

直播间的右下方会出现一个小弹窗，展示正在讲解的商品，用户点击小弹窗，如图 10-17 所示，便可进入该商品的详情界面，如图 10-18 所示。

图 10-17　　　　　　　　　图 10-18

这比通过直播间查找商品并查看对应商品的信息要方便得多。因此，如果直播间中出现了小弹窗，而用户又对正在讲解的商品感兴趣，那么大多数用户都会愿意点击查看讲解中的商品。

10.2.4　提高直播订单的转化率

让用户点击查看商品信息，只是增加了商品的曝光率。如果运营者和商家的目的是提高销量，那么还需要在增加商品曝光率的基础上，提高订单的转化率，让更多用户购买商品。

对此，运营者和商家需要通过直播增加商品对用户的吸引力。为了达到这个目的，运营者和商家可以通过直播间展示商品的各种优势，还可以通过各种活动给用户一定的福利，使用户感觉在该直播间购买会更加划算，更加物超所值。

图 10-19 所示为部分直播间的画面，可以看到这些直播间便是通过贴纸展示满赠（即购物金额达到一定数量时免费赠送物品）信息的方式来吸引用户下单的。

图 10-19

也正是因为满减力度比较大，再加上直播间中的部分商品本来就对用户有一定的吸引力，所以直播间的部分用户都会愿意在这两个直播间购买商品。而这样一来，这两个直播间的订单转化率自然也就提高了。

10.2.5 提高直播间的复购率

对于部分运营者和商家来说，虽然直播的订单量和转化率都还算比较高，但是直播间的复购率却难以获得提高。长此以往，直播间的订单量很有可能会变得越来越少，获得的效益也会逐步递减。

那么，运营者和商家要如何提高直播间的复购率，让用户持续贡献购买力呢？笔者认为，运营者和商家可以参考以下几个策略。

（1）提高售后服务水平，让用户在得到商品的同时，还能享受优质的服务。

（2）给用户一些意外之喜，在不告知用户的情况下免费赠送一些小物品。

（3）给用户发送购物红包，让用户下次购物时可以享受到一定的优惠。

10.3　提升直播间的转化效果

直播卖货的关键在于提升直播间的转化效果，让更多用户愿意购买商品。这一节，笔者就为大家讲解几个直播卖货的技巧，让大家可以有效地提高直播间的订单量，获得更多的收益。

10.3.1　选择合适的带货主播

在抖音电商直播中，直播的效果与出镜的主播有着很大的关系，如果运营者和商家选择的是比较有说服力的主播，用户在看到主播的表现之后会更愿意下单购买商品。那么，运营者和商家要如何选择合适的主播呢？

笔者认为，运营者和商家可以先了解主播的招收方法，这样会更容易招到满意的主播。通常来说，主播的招收方法主要有 4 种，如图 10-20 所示。

图 10-20

　　了解了主播的招收方法之后，运营者和商家还可以根据需要确定要选择的主播类型。如果运营者和商家要选择的是萌新主播，那么可以重点从意愿、性格、抗压和情商 4 个角度考察主播，如图 10-21 所示。

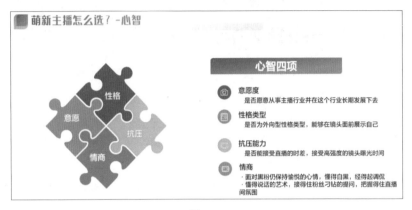

图 10-21

　　如果运营者和商家选择的是成熟主播，那么可以重点从镜头感、表现力、匹配性和熟练度 4 个角度考察主播，如图 10-22 所示。

图 10-22

　　另外，运营者和商家在选择主播时，根据不同行业的需求，也可以从外形、技能、薪资和作息 4 个方面对主播的匹配度进行评估，如图 10-23 所示。例如，美妆主播对外形的要求就比较高。

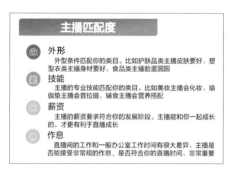

图 10-23

10.3.2　营造稀缺抢购氛围

为了提高用户的下单意愿，运营者和商家可以通过秒杀来营造商品的稀缺抢购氛围。具体来说，运营者和商家在做商品秒杀时，可以设置秒杀倒计时，展示已经完成抢购的比例和剩余的商品数量，如图 10-24 所示。这样，用户如果对商品有购买需求，就会把握机会，在倒计时结束或者商品抢购完之前下单购买商品。

图 10-24

10.3.3　主播助理深度互动

有时候直播中要处理的事情比较多，此时便可以给主播配备助理（即助播），让主播和助播进行深度互动，更好地提升用户的下单意愿。通常来说，在与主播配合的过程中，主播助理需要做好一些工作，如图 10-25 所示。

掌控节奏	备播品准备	促单道具	情况应对	自造噱头/问题
敏感词控屏 气氛把控	备播品排序 过款产品布置	计算器秒表尺码表 随时待命	主播离席处理 黑粉差评紧急处理	没事找事 配合主播成交

图 10-25

以自造噱头 / 问题为例，运营者和商家可以通过 3 种方法让主播和主播助理配合起来，如图 10-26 所示。

①主播向助理提问XXX问题：助理你老熬夜，皮肤是不是特别油？

②助理自造提前策划好的问题提问主播：咱们这个产品能机洗吗？

③助理筛选粉丝提问的正向问题提问主播：有宝宝问XXX，能用吗？

图 10-26

10.3.4　趣味收尾设置悬念

为了让更多用户进入下场直播，运营者和商家可以用感恩回馈的方式来设置趣味收尾，具体方法如下。

（1）告知用户下场直播有热卖商品返场，机不可失。

（2）告知用户下场直播会有活动，或者会有新商品出售。

（3）下播之前进行一波抽奖，告知用户下场直播开播再开奖。

优质的带货主播不仅要懂得引导用户进行购物，还要为之后的直播做好铺垫和预热。这样可以吸引更多用户持续关注直播间，从而获得更高的直播收益。

10.3.5　增加用户停留时长

运营者和商家要想提升直播的转化效果，就需要增加用户的停留时长，维护好直播间的气氛，只有这样才能找到更多引导用户下单的机会。通常来说，运营者和商家可以通过如下方法增加用户的停留时长。

（1）通过直播获得用户的信任，增加用户的互动意愿。

（2）不定期地推出福利活动，让用户自愿留下来。

（3）根据目标用户制作直播内容，让用户在直播的过程中更有表达欲望。

而直播间气氛则可以利用增加信任、引导关注、弹幕飘屏和念粉丝名字 4 种方式进行维护，如图 10-27 所示。

图 10-27

10.3.6　让粉丝为直播推广

运营者和商家团队的力量是比较有限的，要想通过直播裂变营销来提升直播的转化效果，就有必要让粉丝成为推广者。对此，运营者和商家可以将直播间分享给粉丝，并承诺给出一定的奖励，让粉丝自愿推广直播间。具体来说，运营者和商家可以通过如下步骤将直播间分享到粉丝的微信中。

Step 01 点击直播间下方的 ··· 按钮，如图 10-28 所示。

Step 02 执行操作后，弹出相应的面板，点击"分享"按钮，如图 10-29 所示。

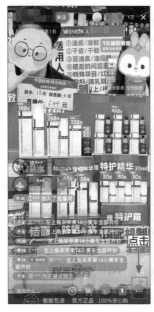 

图 10-28　　　　　　　　图 10-29

Step 03 执行操作后，会弹出"分享给朋友"面板，点击面板中的"微信"按钮，如图 10-30 所示。

Step 04 执行操作后，会弹出"你的口令已复制"对话框，点击对话框中的"去微信粘贴"按钮，如图 10-31 所示。

Step 05 执行操作后，进入微信 App，在界面中选择需要分享直播间的微信聊天栏，如图 10-32 所示。

Step 06 执行操作后，进入微信聊天界面，❶在输入栏中粘贴口令；❷点击"发送"按钮，如图 10-33 所示。

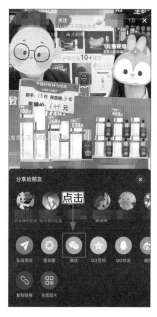

图 10-30

图 10-31

图 10-32

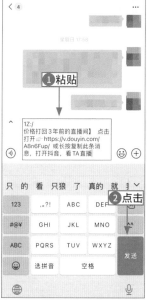

图 10-33

Step 07 执行操作后，微信聊天界面中会出现口令，用户可以对此口令进行复制，如图 10-34 所示。

Step 08 复制该口令后，只要打开抖音 App，便会弹出直播间信息提示框，如图 10-35 所示，用户点击提示框中的"打开看看"按钮，便可进入直播间。

图 10-34　　　　　　　　　　　图 10-35